# ORACIONES DE UN MINUTO
## *para mujeres*

# ORACIONES DE UN MINUTO

*para mujeres*

## Hope Lyda

ORIGEN

Penguin
Random House
Grupo Editorial

Título original: *One-Minute Prayers® for Women*
*Copyright © 2004 by Hope Lyda*
*Published by Harvest House Publishers*
*Eugene, Oregon 97408*
*www.harvetshousepublishers.com*

Primera edición: abril de 2019

Publicado bajo acuerdo con Harvest House Publishers
© 2004, Hope Lyda
© 2023, Penguin Random House Grupo Editorial USA, LLC.
8950 SW 74th Court, Suite 2010
Miami, FL 33156

Todas las citas bíblicas, a menos que se indique lo contrario, fueron tomadas
de la RVR 1960, Reina-Valera © 1960 Sociedades Bíblicas en América Latina;
© renovado 1988 Sociedades Bíblicas Unidas. Utilizado con permiso.
Reina-Valera 1960™ es una marca registrada de la American Bible Society

Traducción: María José Hooft
Diseño de cubierta: Víctor Blanco
Ilustración: Cienpies Design/Shutterstock.com

ISBN: 978-1-949061-76-5

Impreso en **Colombia** / *Printed in Colombia*

23 24 25 26 27   10 9 8 7 6 5

# ÍNDICE

# COMIENZO

# Has comenzado la buena obra

... siempre en todas mis oraciones rogando con gozo por todos vosotros, por vuestra comunión en el evangelio, desde el primer día hasta ahora; estando persuadido de esto, que el que comenzó en vosotros la buena obra, la perfeccionará hasta el día de Jesucristo.

FILIPENSES 1:4-6

Por la mañana, cuando suena el reloj despertador, las preocupaciones del día anterior comienzan rápidamente a hacer barullo en mi cabeza. Una lista de cosas por hacer surge en mi agenda mental. Luego llegan las decisiones: "¿Qué vestiré hoy? ¿En qué ruta habrá menos tráfico? ¿Té, jugo, café... descafeinado? ¿Café con leche? ¿Doble medida de café?".

¿Cuándo fue que comenzar el día se volvió algo tan complicado?

Espera, mi corazón sabe la respuesta a esa pregunta. Me viene a la memoria una época en que las mañanas comenzaban con solo una decisión: pasar tiempo junto a ti. Tu Palabra allanaba el camino. Las prioridades para aquel día se acomodaban. Las elecciones simples no eran una distracción y podía emprender tareas complicadas. Permíteme comenzar este día de nuevo, Señor. Siento tu presencia guiándome en la dirección correcta. Estoy lista. Segura. Porque has comenzado en mí la buena obra y caminaré contigo hasta que la concluyas.

# PROPÓSITO

# Cambiar mis planes por los de Dios

> Muchos pensamientos hay en el corazón del hombre; mas el consejo de Jehová permanecerá.
>
> PROVERBIOS 19:21

Señor, ¿cuántas veces me has oído decir: "Hay tanto por hacer y tan poco tiempo para hacerlo"? Cuando me encuentro repitiendo esta frase como un mantra, siempre va seguida por un gesto de resignación. ¿Acaso es esta la carga de los seres humanos, el estar tan ocupados con planes de superación, de logros, de éxito? Mi cultura me dice que definitivamente lo es. Dios, sacude las bases de mis planes egoístas. Revélame el propósito que tienes para mí, para mi tiempo, mi dinero, mi trabajo, mi familia, mi presente.

Toma mi corazón que hoy se encuentra estancado. Moldéalo. Hazlo expandirse hasta ocupar el lugar que has diseñado para mí en este mundo. Ayúdame a no conformarme con una vida desbordada de ocupaciones, que no deja espacio para lo que, en verdad, debería estar haciendo. Tú tienes algo mucho más grande para mí: tu propósito para mi vida.

# Mi propósito en tu Iglesia

Por tanto, si hay alguna consolación en Cristo, si algún consuelo de amor, si alguna comunión del Espíritu, si algún afecto entrañable, si alguna misericordia, completad mi gozo, sintiendo lo mismo, teniendo el mismo amor, unánimes, sintiendo una misma cosa.

FILIPENSES 2:1-2

Señor, ayúdame a unir mi sentir con el de mi comunidad de hermanos en Cristo. Guíame para tener compasión en presencia del dolor ajeno. Permíteme acercarme a las personas con el amor que Tú brindas. Fortaléceme con un espíritu de servicio para trabajar junto a tus hijos.

Veo destellos de ti dondequiera que la gente esté reunida. Nuestras diferencias son las que nos complementan y nos hacen plenos mediante tu gracia. Puede ser tan difícil pasar por alto los temperamentos humanos. Nos distraen. Nos dan excusas para catalogar a la gente o para dejarlas de lado. Permíteme ver a las personas como seres completos. Como hijos de Dios en el plano físico, intelectual y espiritual.

# Cómo obra Dios

Y sabemos que a los que aman a Dios, todas las cosas les ayudan a bien, esto es, a los que conforme a su propósito son llamados.

ROMANOS 8:28

Últimamente, pocas cosas parecen estar contribuyendo a mi bien, Señor. No me estoy quejando, solo digo que así me parece. Pero claro, no veo con la perspectiva que Tú ves... y, a lo mejor, algunas de estas situaciones simplemente no salieron a *mi* favor. A medida que repaso los hechos, tal vez esos momentos no se trataban de mi éxito personal, sino del de otra persona. ¿Los manejé bien, Dios?

Te pido que me permitas comprender tu gran visión de las cosas. Ayúdame a tomar cada situación decepcionante, cada respuesta y resultado y mirarlos desde tu perspectiva. Tal vez no vea las evidencias de tus planes. Cuando así sea, permíteme descansar en la certeza de tu amor. Concédele paz a mi corazón cuando esté inseguro del camino que me toca transitar, Señor. Continuaré caminando, un pie delante del otro, porque me has llamado a cosas buenas.

# ¿Qué sigue?

Jehová cumplirá su propósito en mí; tu misericordia, oh Jehová, es para siempre; no desampares la obra de tus manos.

SALMO 138:8

No te detengas ahora, Señor. Finalmente empiezo a comprender tu visión para mi vida. Me ha tomado cierto tiempo y tuve que pasar por muchos errores, pero aquí estoy, lista para recibir tu propósito. ¿Qué es lo próximo que deseas que haga? Tu paciencia a lo largo de estos años me ha demostrado que no abandonas la obra que has comenzado. Guíame al siguiente paso.

Cuando escucho a los demás o aun a mis propios pensamientos negativos, me veo tentada a dejar de intentarlo. Tu amor me inspira a seguir. Y a medida que avanzo, mi paso es cada vez más firme. Estoy segura de que completarás lo que has comenzado. Y yo seguiré tu ejemplo. Por eso, ¿qué sigue?

DONES

# Según la gracia de Dios

De manera que, teniendo diferentes dones, según la gracia que nos es dada, si el de profecía, úsese conforme a la medida de la fe; o si de servicio, en servir; o el que enseña, en la enseñanza; el que exhorta, en la exhortación; el que reparte, con liberalidad; el que preside, con solicitud; el que hace misericordia, con alegría.

ROMANOS 12:6-8

Señor, ¿qué dones me has dado? No quiero perder ni un segundo de mi vida cegada al potencial que tengo en ti. Busco una comprensión más profunda de tu Palabra. Quiero entender cómo te manifiestas a tus hijos mediante los dones espirituales. Anhelo explorar en las Escrituras la vida de hombres y mujeres que te siguieron y vivieron sus dones de manera activa.

De acuerdo con la gracia que me fue dada, puedo vivir una vida fructífera. Puedo compartir la maravillosa abundancia de tu bondad con los demás. Ayúdame a prestar especial atención a la obra que estás realizando en mi corazón. Quiero ver, comprender y cultivar los dones que provienen de ti.

# Distintos dones del mismo Espíritu

Ahora bien, hay diversidad de dones, pero el Espíritu
es el mismo. Y hay diversidad de ministerios, pero el
Señor es el mismo. Y hay diversidad de operaciones,
pero Dios, que hace todas las cosas en todos, es el
mismo.

1 Corintios 12:4-6

Señor, me maravillo ante tu amor que es inmenso...
tanto, que nos hiciste únicos; especiales y milagrosos
a cada uno de tus hijos. Nuestras diferencias no se li-
mitan a las características físicas o al idioma que hablamos, también abarcan un caleidoscopio de dones,
todos de un mismo Espíritu.

A menudo, mis debilidades son el punto fuerte
de otra persona; mi certeza, el obstáculo que a otro
lo hace dudar. Nos has creado para que trabajemos
juntos. Ayúdame a reconocer los dones de los demás.
Quiero alentar a la gente con la que me relaciono a
que hagan y sean su mejor versión... Tu mejor versión.
Guía mis palabras, Dios, para que pueda expresar
bondad e inspiración a mi familia, colegas y amigos.

# Todo lo que tengo

Levantando los ojos, vio a los ricos que echaban sus ofrendas en el arca de las ofrendas. Vio también a una viuda muy pobre, que echaba allí dos monedas. Y dijo: En verdad os digo, que esta viuda pobre echó más que todos. Porque todos aquellos echaron para las ofrendas de Dios de lo que les sobra; mas esta, de su pobreza echó todo el sustento que tenía.

LUCAS 21:1-4

Perdóname por lo fuerte que me aferro a las bendiciones que tengo. Soy demasiado cautelosa a la hora de dar. Hasta cuestiono cómo va a usar mi ofrenda la persona que la reciba, como si eso tuviese algo que ver con lo que significa dar. A lo largo del camino, me olvidé que dar es un acto de sacrificio. Es una ofrenda sin condiciones, una expresión de tu gracia.

No quiero contenerme, Señor. Quiero extender mi mano con libertad para brindar ayuda, ser de bendición y comprometerme con mi prójimo. No dejes que mi corazón controle, cuente y ajuste lo que tengo para dar. Que nunca lleve la cuenta de esas cosas. Ayúdame a dar todo lo que tengo en cada momento.

# Estos son mis dones

Y al entrar en la casa, vieron al niño con su madre María, y postrándose, lo adoraron; y abriendo sus tesoros, le ofrecieron presentes: oro, incienso y mirra.

Mateo 2:11

Abro el tesoro de mi corazón y busco obsequios para darte, mi Rey. Mis ofrendas representan las maneras en las que te rindo adoración cada día. *Amor* para mi familia. *Bondad* para con los demás. *Ayuda* a los que están en necesidad. *Fe* en el futuro. *Confianza* en medio de la duda. Señor, te pido que las aceptes como muestras de mi profundo afecto por ti.

Me arrodillo ante tu persona, Dios. Tu gracia transforma mis simples obsequios en metales preciosos y costosos aceites y fragancias. Ayúdame a buscar oportunidades de servirte, dándome a mí misma como ofrenda a los demás. Y permíteme reconocer cuando estoy siendo receptora de preciados tesoros del corazón de otro.

# DIRECCIÓN

## Siguiendo directivas

Andad en todo el camino que Jehová vuestro Dios os ha mandado, para que viváis y os vaya bien, y tengáis largos días en la tierra que habéis de poseer.

DEUTERONOMIO 5:33

Señor, desde tu perspectiva, el trazado de mi vida diaria debe verse como una telaraña muy desorganizada. Aquí. Allá. De nuevo por aquí. ¿Cuántos días paso corriendo en círculos para seguir el ritmo de vida que llevo? Guíame a la vida que *Tú* has planeado para mí. Desenreda esos hilos de confusión y vuelve a tejer un camino según tu perfecto diseño.

Esta nueva visión para mi vida involucra pedirte dirección. Recuérdame el bello tramado que mis pasos pueden crear cuando busco tu ayuda, cuando me siento perdida *y asimismo* cuando siento que todo está bajo control. Señor, dame entendimiento para seguir tu mando. Guíame hacia la verdadera vida.

# La guía de la naturaleza

Regando también llega a disipar la densa nube, y con su luz esparce la niebla. Asimismo por sus designios se revuelven las nubes en derredor, para hacer sobre la faz del mundo, en la tierra, lo que él les mande.

Job 37:11-12

Señor, tu mano coreografía la danza de la naturaleza. Tú hablas y das ritmo a las olas del océano. Tu palabra ordena a las nubes que lluevan sobre la tierra seca. La acción e inacción de cada fenómeno climático está bajo tu instrucción. ¿Por qué desafío la fuerza de tu voluntad en mi vida? Solo hace falta que presencie un día de tormenta o que vea el sol ponerse sobre el horizonte para que sepa que Tú reinas sobre todos los seres vivientes.

La belleza de la creación puede reflejarse también en mi propia vida. Primero debo ceder ante la danza que Tú creas. Hazme brincar de tanto gozo. Que al inclinarme en reverencia imite tu gracia. Y que al estirarme con los brazos abiertos hacia el cielo, esté lista para recibir los mandatos de amor que haces llover sobre mí.

# Entrando en el amor de Dios

Y el Señor encamine vuestros corazones al amor de
Dios, y a la paciencia de Cristo.

2 Tesalonicenses 3:5

Señor, confieso que estuve jugando al tira y afloja contigo. Cuando Tú comienzas a llevar mis emociones en
una dirección, yo me resisto tercamente. Metas y objetivos distintos a los que Tú tienes para mí me hip-
notizan con imitaciones baratas de tu amor. Desvío
mi mirada tan solo un momento y pierdo de vista tu
plan. Crea en mí un corazón inalterable. Hazme una
persona enfocada en mi fe y mi confianza.

Permíteme perseverar en la dirección que Tú
quieres que vaya. No dejes que sea tentada por falsos dioses o voces engañosas, que me llevan por mal
camino. Nunca debería jugar con mi corazón; después de todo, te pertenece. Tómalo ahora, Dios. No
quiero detener los latidos de tu amor en mi vida.

# La instrucción de un Padre

Guarda, hijo mío, el mandamiento de tu padre, y no dejes la enseñanza de tu madre [...] Te guiarán cuando andes.

PROVERBIOS 6:20, 22

"No toques la estufa". "Mira bien antes de cruzar". "No le pegues a tu hermana". "Pide perdón". Señor, las instrucciones tempranas de mis padres se convirtieron en lecciones de crecimiento espiritual. Los conceptos de causa y efecto se han filtrado en mí, a pesar de mi resistencia. Eventualmente, pude ver cómo la guía parental se trataba de protección y afecto.

Tus mandamientos reflejan esta verdad que aprendí en mi niñez. Sé que Tú guardas mis pasos porque me amas. Miro hacia ti antes de tomar una decisión. Espero tu gesto de aprobación antes de asumir compromisos y hacer promesas. Tu Palabra ilumina mi camino, incluso cuando me he alejado tanto que tu voz se oye a la distancia. Dios, que siempre pueda escucharte y acatar tus directivas. Guíame hacia una vida de bien.

# SEGURIDAD

# Seguridad de tu protección

No tendrás temor de pavor repentino, ni de la ruina de los impíos cuando viniere, porque Jehová será tu confianza, y él preservará tu pie de quedar preso.

PROVERBIOS 3:25-26

El mundo parece haber perdido el control, Dios. Miro las noticias y aparto la vista. Pero luego, el temor a la desgracia, a la violencia o a los desastres naturales penetra en mi alma. Por la noche me despiertan las palpitaciones de mi corazón. Cuando termina mi rutina del día, me siento nerviosa e inquieta. Señor, ayúdame a depositar mi confianza en ti. Anhelo la paz que solo Tú puedes dar.

Cuando miro hacia ti, mi espíritu sana. Reemplaza la lista de peligros en mi mente por palabras de seguridad. Permíteme ser testigo de tu mano obrando en mi vida cualquiera que sea la circunstancia. Convierte mis temores en palabras de oración. Cuando vea el dolor del mundo, no dejes que use tu protección como una razón para aislarme. Que pueda acceder a tu amor para encontrar empatía, compasión y oraciones que digan "Hágase tu voluntad".

# Siempre mi esperanza

Porque tú, oh Señor Jehová, eres mi esperanza, seguridad mía desde mi juventud.

SALMO 71:5

Cuando recién te conocí, Señor, me paraba frente a ti con la cabeza en alto. Tenía una fe inamovible en tu poder. Cuando estoy frente a una persona que es creyente hace poco tiempo, siento esa emoción nuevamente. Restaura en mí esa confianza, Dios. Recurriré a la sabiduría de tu Palabra y llenaré mi vida con la seguridad de tus promesas.

Gracias, Señor, por el poder que extiendes hacia mí. Las pequeñas ventanas de oportunidad que alguna vez percibí hoy son grandes puertas abiertas. Todo es mejor cuando me paro firme en tu seguridad. Afianza mi vida con la fuerza de tu propósito. Que al levantarme a declarar mi esperanza en ti, lo haga con la cabeza en alto..., como lo hacía en los inicios de mi fe.

# Él me oye

Y esta es la confianza que tenemos en él, que si pedimos alguna cosa conforme a su voluntad, él nos oye.

1 Juan 5:14

Gracias por oírme, Señor. Tus oídos están abiertos a las reflexiones de mi corazón, los anhelos de mi alma y las preguntas de mi mente. No hay nadie más en mi vida que prometa oír cada parte de mí. Aun en mis momentos de mayor inseguridad, hablo sabiendo que mis palabras van a llegar a tu corazón. Me aflijo por preocupaciones que mis amigos no tomarían en serio. Tengo temores que, si salieran a la luz en una conversación, sonarían irrazonables. Sin embargo, Tú me oyes.

Es un regalo poder ser vulnerable con mi Creador. Tú eres mi Maestro; sin embargo, puedo ir a ti con las necesidades y preocupaciones más simples. Como tu hija, busco tu voluntad y tu respuesta. Y como Padre, Tú escuchas.

# Sin vergüenza

Y ahora, hijitos, permaneced en él, para que cuando se manifieste, tengamos confianza, para que en su venida no nos alejemos de él avergonzados.

1 JUAN 2:28

Purifícame, Señor. Mis caminos pecaminosos erigieron el orgullo en mí y me guiaron a adorar a los ídolos del dinero, el estatus y el éxito. He intentado esconder mis manchas, mis imperfecciones, pero eso es vivir una vida de falsedad. Quiero la vida que Tú has dispuesto para mí. Aquella vida limpia y sin manchas, aquella vida de honor.

Al desarrollar tu propósito en mí, no me permitas ser presuntuosa o arrogante. Eso aparta la atención de ti, la fuente de mi confianza, y otros no podrán ver que Tú eres el Maestro de todo lo bueno que hay en mi vida. Que mi boca se dé prisa en alabar tu gracia, que me ha quitado la vergüenza, que ha sanado mis heridas y me ha llenado por completo.

# EL PASADO

## Comunicación antes y ahora

Dios, habiendo hablado muchas veces y de muchas maneras en otro tiempo a los padres por los profetas, en estos postreros días nos ha hablado por el Hijo, a quien constituyó heredero de todo, y por quien asimismo hizo el universo...

HEBREOS 1:1-2

Dios, Tú tenías planeada la comunicación desde la creación del universo. Sabías que tus hijos precisarían oír tu voz. Hay momentos en los que desearía que tus profetas todavía fueran reconocibles fácilmente. Sin embargo, ¿los oiría en estos tiempos en los que vivimos? Probablemente, pasaría al lado de alguno de ellos sin advertirlo en el trajín de mi prisa hasta el metro.

Señor, Tú conoces el pasado y las cosas por venir. Tú sabías que el mundo tendría necesidad de una relación con tu Hijo. Un Salvador personal que nos despierte de nuestras vidas borrosas y ocupadas. Puedo verte, Dios. Puedo oírte. Y te agradezco por regalarnos una comunicación libre contigo a través del poder de tu Hijo.

# Esperanza para el futuro

Porque las cosas que se escribieron antes, para nuestra enseñanza se escribieron, a fin de que por la paciencia y la consolación de las Escrituras, tengamos esperanza.

ROMANOS 15:4

Señor, la sabiduría de las enseñanzas encontradas en tu Palabra me sigue hablando hasta hoy. Te agradezco por la esperanza fresca que sopla en palabras escritas hace tantos años. Me asombra cómo me conmueven las Escrituras. Algunas personas intentan desecharlas como algo irrelevante, pero no se han sumergido en tu verdad.

Te preocupas tanto por mí y por todos tus hijos que creaste una fuente inagotable de ánimo y enseñanza para la vida. Ayúdame a permanecer anclada a las lecciones de la Biblia, Señor. Ayúdame a reconocer las oportunidades que tengo para experimentar la sabiduría de las Escrituras en mi vida. Quiero ser una estudiante activa de tu amor y de tus caminos.

# La lluvia ha cesado

Porque he aquí ha pasado el invierno, se ha mudado, la lluvia se fue; se han mostrado las flores en la tierra, el tiempo de la canción ha venido...

CANTARES 2:11-12

Los días de adversidad y dolor han sido como lluvia en mi pasado, Señor. Hubo tormentas que destruyeron las bases que había construido. Inundaciones barrieron la esperanza que alguna vez había depositado en las cosas materiales y en la fuerza que creía ver en los demás. Lo que quedó fue la tierra arrasada de la decepción. Pero todo eso ocurrió en el pasado. Una época en la que no podía ver un futuro.

Ahora, las flores germinan y brotan desde la tierra. Cantan acerca de tu fidelidad. Esta es una nueva etapa para mí, Dios. Las aflicciones del pasado se desvanecen y la esperanza y los sueños para el futuro crecen y se hacen fuertes. Me ofreces esta renovación cada día, Señor. Estoy agradecida por la lluvia, pues ha preparado mi alma para recibir las bendiciones.

# Pasar la página

No os acordéis de las cosas pasadas, ni traigáis a memoria las cosas antiguas. He aquí que yo hago cosa nueva; pronto saldrá a luz; ¿no la conoceréis? Otra vez abriré camino en el desierto, y ríos en la soledad.

ISAÍAS 43:18-19

Libérame del pasado, Señor. Permanezco allí demasiado tiempo. Recuerdo con tanta frecuencia los buenos momentos que se han ido que me pierdo la maravilla del gozo de hoy. Hazme volver al presente, Dios. Lleva mi atención de nuevo hacia la vida que está frente a mis ojos. Mi pasado no tiene nada para ofrecerte a ti, ni tampoco a mí misma. Pero el presente..., el ahora... ¡tiene tanto para ofrecer!

Concédeme una revelación de las nuevas maravillas en las que estás trabajando ahora. Imagino que son acontecimientos asombrosos. No permitas que mi mente se deslice hacia el pasado, excepto para contar cuántas veces me has bendecido. Entonces debo pasar la página. Mi pasado le sirve a mi futuro... Ahora debo invertir mi tiempo, mis sueños, mis oraciones en el futuro que has forjado para mí.

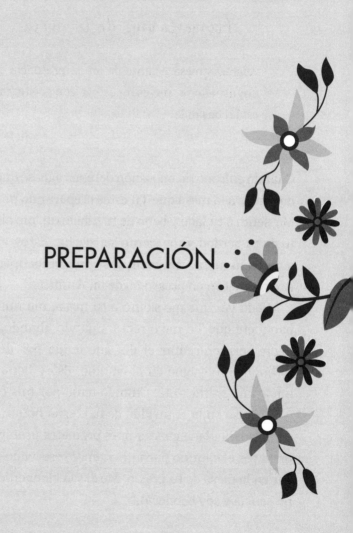

# PREPARACIÓN

# Alimentarme de tu mesa

Aderezas mesa delante de mí en presencia de mis angustiadores; unges mi cabeza con aceite; mi copa está rebosando.

SALMO 23:5

Cuando enfrento la oposición del enemigo, sé que puedo correr a la mesa que Tú estás preparando para mí. Me siento a tu lado y bebo de tu sabiduría, me alimento de tu verdad y me siento satisfecha. Estoy a salvo aquí en tu mesa. Mis enemigos y mis preocupaciones se desvanecen en presencia de mi Anfitrión.

Cada vez que me siento a tu mesa, me nutro del banquete que Tú me ofreces. Cuando abandono ese lugar para enfrentar el día que tengo por delante, tu bondad me sigue en el camino. Estoy llena de tu amor tan gratificante. Cuando temo por mis enemigos, pienso en la seguridad de tu eterno hogar. Sacudo maravillada la cabeza pues prometes protegerme, preparar el camino para mí y tener reservado un lugar en la mesa de tu gracia. Me das la bienvenida a tu presencia y soy bendecida.

# Preparada para la acción

Por tanto, ceñid los lomos de vuestro entendimiento,
sed sobrios, y esperad por completo en la gracia que se
os traerá cuando Jesucristo sea manifestado...

1 PEDRO 1:13

Intento hacer ejercicio y así prepararme físicamente
para las exigencias de mi vida diaria. Sin embargo,
Señor, preciso ayuda para preparar mi mente y mi corazón para las exigencias de la vida espiritual. Leo tu
Palabra y llevo esas enseñanzas conmigo, pero admi-
to que aún soy muy débil. Enfrento pruebas y todavía
confío en mis propias fuerzas en vez de descansar en
tu poder. Pierdo la fe en tu habilidad para superar mis
dificultades.

Señor, ayúdame a estar verdaderamente prepara-
da. Preciso ir más allá del conocimiento de mi mente
y clamar por valentía de corazón. ¿Me dejaré caer en
tus brazos cuando me sienta débil, con la seguridad
de que Tú estarás ahí para sostenerme? Hoy, me siento lista para intentarlo.

# Un lugar para mí

En la casa de mi Padre muchas moradas hay; si así no fuera, yo os lo hubiera dicho; voy, pues, a preparar lugar para vosotros. Y si me fuere y os preparare lugar, vendré otra vez, y os tomaré a mí mismo, para que donde yo estoy, vosotros también estéis.

JUAN 14:2-3

Recuerdo la primera vez que tuve mi propia habitación. Aun desde pequeña, tuve la sensación de que alguien cuidaba de mí y me proveía. Señor, pasé mucho tiempo preparando cada detalle para asegurarme de que fuera mía sin ninguna duda. Pienso en esta experiencia cuando leo tu promesa de preparar un espacio para mí. Un lugar para mí en la gloria del cielo.

Cuando me lleves a casa y me muestres esa habitación, estoy segura de que reflejará cuán a fondo conoces mi corazón. Las paredes serán del color de la alegría. Los textiles serán tejidos con hilos de recuerdos llenos de amor. Todo brillará con tu esplendor. Entraré en ella con gusto, ansiosa de estar en tu presencia por siempre. Y sabré con certeza que el Señor de la casa preparó este cuarto para mí.

# Un corazón listo

Crea en mí, oh Dios, un corazón limpio, y renueva un espíritu recto dentro de mí.

SALMO 51:10

Tal como Tú preparas un lugar para mí, Señor, permíteme preparar un lugar para ti también. Crea en mí un corazón limpio que sea de tu agrado. Hazlo un lugar en el que tu presencia sea bienvenida. Dios, deseo un corazón que se aferre con fuerza a tus promesas. Haz que cada latido esté lleno de tu propósito.

Quiero que mi alma sea como un fuerte que guarde y proteja tu Palabra. Diseña en mí un templo que sea digno de ser llamado tu casa. Con el correr de los días, pensaré en Aquel que reside dentro de mí. Llena mi corazón con todo lo que es puro y bueno, para que no sirva de sacrificio a falsos dioses, sino que sea preservado y preparado solamente para ti.

# CONFIANZA

# Descansar en ti

Inclina tu oído y oye las palabras de los sabios, y aplica tu corazón a mi sabiduría; porque es cosa deliciosa, si las guardares dentro de ti; si juntamente se afirmaren sobre tus labios. Para que tu confianza sea en Jehová, te las he hecho saber hoy a ti también.

PROVERBIOS 22:17-19

Confiar en ti lo cambia todo, Señor. No voy a afligirme por los errores del pasado, y no voy a apostar a las cosas que están por venir. Porque el presente es el plazo de tiempo más importante para mí. Permíteme adorarte de una mejor manera. Ayúdame a buscar tus caminos de forma más comprometida. Que mis pensamientos y acciones sean puras ante tus ojos, Dios.

Veo el día que tengo por delante e imagino maneras de perfeccionarme. Buscaré personas que necesiten ánimo –incluyéndome– y les recitaré palabras que hablen de tu fidelidad. Estaré alerta sobre oportunidades y momentos únicos que me ofreces para aprender más acerca de ti. Sí, ayer mismo me dije que no soy digna de tu amor..., pero la seguridad de la salida del sol esta mañana me habló acerca de tu gracia. Confío en ti, Señor.

# Una canción para mi Señor

Mas yo en tu misericordia he confiado; mi corazón se alegrará en tu salvación. Cantaré a Jehová, porque me ha hecho bien.

SALMO 13:5-6

Dios, has sido tan bueno conmigo. Confío en ti y en lo que estás haciendo en mi vida. Algunos días puedo ver con claridad tu amor por mí. Por ejemplo, cuando recibí una palabra amable en un momento de dolor. Cuando me ofrecieron ayuda y yo tenía temor de pedirla. Y justo cuando pensaba que no tenía más fuerzas para seguir, tuve una revelación de lo que tu mano estaba haciendo en aquella misma circunstancia.

No podría navegar los mares de esta vida sin confiar en tu amor y tus planes de bien. Oro para que mis acciones se traduzcan en canciones que el mundo pueda oír. Anhelo que todos puedan conocer tu canción de amor y de gracia. Levanto mi voz para proclamar tu bondad. "¡Conozco un amor que nunca me falla!", grito en medio de un mundo de personas que solo saben de corazones heridos y confianza traicionada. Gracias, Señor, por darme una canción para cantarte.

# Tú eres mío

Mas yo en ti confío, oh Jehová; digo: Tú eres mi Dios.

SALMO 31:14

Señor, deseo que mi boca te brinde alabanza cualquiera que sea la situación. Sin importar las circunstancias que esté pasando, deseo que lo primero que mi mente piense sea en alabarte, porque confío en ti con todo mi ser. Cuando los que me rodean intenten arreglar mis problemas con soluciones temporales, yo me mantendré firme en lo que creo.

¿Cuán a menudo digo: "Tú eres mi Dios"? ¿Acaso mis acciones también lo dicen? ¿Mis relaciones reflejan esta verdad? Anhelo que esta declaración repercuta en cada aspecto de mi vida. Cuando mi preocupación sea reemplazada por tu paz, quiero que los demás puedan oír la razón. Que no quede duda para ellos que mi confianza está depositada solo en ti. Ayúdame a decirlo fuerte y claro, aun en los momentos de silencio que suelen suceder a tiempos difíciles.

# Encomendar mi alma

A ti, oh Jehová, levantaré mi alma. Dios mío, en ti
confío; no sea yo avergonzado, no se alegren de mí
mis enemigos.

SALMO 25:1-2

En un momento de posible fracaso, ¿estoy confiando
en que Tú me salvas o en guardar las apariencias?
Señor, ayúdame a elevar mi alma sin requisitos ni peticiones. Confío en que Tú resolverás esta situación y
obrará para bien, no para mal. Mi instinto humano
me ruega que evite la humillación a cualquier cos-
to, pero yo sé que seré salva por otras razones: mi
debilidad se convierte en la evidencia de tu fortaleza.
Mi destrucción se transforma en el testimonio de tu
enseñanza y tu misericordia.

No permitas que te avergüence, Señor. Que este
momento haga resplandecer tu bondad; que opaque
mi necesidad de reconocimiento o reputación. Acepta
esta ofrenda de mi alma. Este sacrificio no posee condiciones, solo total confianza y gratitud.

# PERSPECTIVA

# Un objetivo a la vista

En el rostro del entendido aparece la sabiduría; mas los ojos del necio vagan hasta el extremo de la tierra.

PROVERBIOS 17:24

Okey, Señor, a veces me pongo ansiosa por los planes que tengo en curso. Comienzo a visualizar el éxito que podría venir luego. O los distintos caminos que mi vida podría tomar. Que si esto, que si aquello. Podría terminar en tal lugar. O en este otro. Distraída por las distintas posibilidades, me desvío unos pasos, doy un giro sin darme cuenta, pierdo el equilibrio. Pierdo de vista tus prioridades.

Señor, ayúdame a mantener a la vista tu sabiduría. Cuando mi mirada comienza a examinar el horizonte lleno de grandes ilusiones, pierdo la perspectiva de lo que es correcto y sensato. Guíame, Señor. Pon tu mano sobre mis hombros y dirígeme. Dame discernimiento para mantener mis ojos entrenados para hacer tu voluntad.

# La mirada humana

De manera que nosotros de aquí en adelante a nadie conocemos según la carne; y aun si a Cristo conocimos según la carne, ya no lo conocemos así. De modo que si alguno está en Cristo, nueva criatura es; las cosas viejas pasaron; he aquí todas son hechas nuevas.

2 Corintios 5:16-17

Los ojos de un hombre sin techo llamaron mi atención hoy, Señor. Me pregunté cuándo habría comenzado a pedir limosna para sobrevivir. ¿Tendría una familia esperándolo en algún refugio? ¿Podría ser su madre una mujer preocupada y angustiada, a kilómetros de distancia? Vi su figura delgada y harapienta a través de tus ojos, Señor, y por un momento no vi un mendigo, sino que vi un hijo tuyo.

Señor, concédeme tu punto de vista. Que mi corazón tenga una visión propia cuando me encuentre cara a cara con un niño que pasa necesidad. La responsabilidad de una nueva visión me asusta, no voy a negarlo. Pero me postro frente a ti, harapienta y pobre de espíritu, y te pido que me ayudes.

# Mirando hacia adelante

Hermanos, yo mismo no pretendo haberlo ya alcanzado; pero una cosa hago: olvidando ciertamente lo que queda atrás, y extendiéndome a lo que está delante, prosigo a la meta, al premio del supremo llamamiento de Dios en Cristo Jesús. Así que, todos los que somos perfectos, esto mismo sintamos; y si otra cosa sentís, esto también os lo revelará Dios.

FILIPENSES 3:13-15

Señor: ¿recuerdas aquello por lo que me preocupaba el año pasado? Ha vuelto a aparecer. Era una pequeña mancha en la esquina de mi mente y ahora se ha apoderado de todo mi campo visual. Me obsesiono con esto entre las llamadas telefónicas y los quehaceres diarios. Te pido que me ayudes a empujar hacia adelante, en vez de aferrarme a lo que ya acabó. Deseo perseverar en la meta de una vida santa.

Hazme ver, Dios, cuándo estoy perdiendo tiempo en asuntos del pasado. Tú me has llamado a ir hacia adelante, a dirigirme a tu eternidad con certeza y propósito. Señor, anhelo cambiar esta vida de limitación y ceguera por tus caminos de libertad y revelación.

# Examíname

Porque los caminos del hombre están ante los ojos de Jehová, y él considera todas sus veredas.

PROVERBIOS 5:21

Me resulta doloroso pensar en los errores del pasado. Debido a tantos pecados que llenaron mis días y mis caminos, perdí muchas oportunidades. Pero esa no es la parte más difícil: sé que herí tu corazón, Señor. Tú me viste tomar esas decisiones. Me viste escoger el orgullo en lugar de la obediencia. Te fallé, tanto a ti como a mí misma, más veces de lo que puedo imaginar. Pero Tú lo conoces todo.

Me he arrepentido de estos pecados del pasado, y Tú me perdonaste. Ahora, Señor, enséñame a andar en tus caminos. Examina mis nuevas sendas, anhelo que sean santas y agradables para ti. Cuando me salga del sendero, tráeme de vuelta a tu voluntad. Cuando pierda de vista mi meta, muéstrame tu perspectiva y guíame a examinar mi corazón en cada curva.

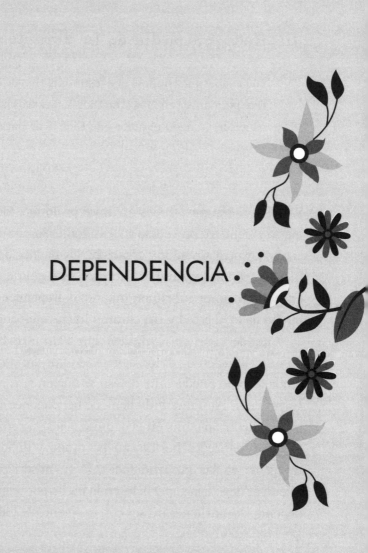

# DEPENDENCIA

# Libertad por medio de la dependencia

Todo aquel que confiese que Jesús es el Hijo de Dios, Dios permanece en él, y él en Dios. Y nosotros hemos conocido y creído el amor que Dios tiene para con nosotros.

1 Juan 4:15-16

Solo Tú, Señor, me ofreces un amor profundo. Me sumerjo y siento tu presencia rodeándome. Somos parte el uno del otro. Creador y creación. Soy bendecida por haberte conocido y haber aceptado el regalo que es Cristo. Este amor cubrió mi iniquidad. Depender de ti me ha dado libertad y un camino hacia la eternidad.

Cuando conozco a alguien que está atravesando una situación de dolor, solo deseo que conozca tu amor. ¿Cómo puede salir de esa situación si no es a través de ti? Aun una vida llena de bendiciones siempre encuentra piedras en el camino. Dios, la próxima vez que me sienta herida, quebrantada y débil, sumérgeme en las profundidades de tu misericordia. Mientras llego a la superficie, en la lucha por respirar, dependo de que llenes mi ser con tu aliento de vida.

# Confiaba en ti antes de conocerte

En ti he sido sustentado desde el vientre; de las entrañas de mi madre tú fuiste el que me sacó; de ti será siempre mi alabanza.

SALMO 71:6

Señor, tú estuviste allí cuando fui formada en el vientre de mi madre. Desde allí ya conocías mi corazón, mi personalidad, mi propósito. Era tan indefensa en ese entonces, tan vulnerable. Sé que tu mano estuvo presente en mi vida cada minuto. Aun antes de tener una relación personal contigo, ya dependía de ti por completo.

Ahora estoy consolidada en el mundo y puedo parecer fuerte, como si tuviera todo bajo control. Pero confieso que soy tan vulnerable como el mismo día en que nací. Te adoro por haberme protegido tantas veces, por haberme salvado sin yo saberlo. Oh Señor, tu mano de amor estuvo y estará a cada paso del camino. Estoy tan feliz de ser tu hija.

# Él es mi roca fuerte

En Dios está mi salvación y mi gloria; en Dios está mi roca fuerte, y mi refugio.

SALMO 62:7

Señor, Tú estás por encima de todo en mi vida. Tu presencia intimida a mis enemigos. Eres mi refugio en tiempos difíciles. Cuando tengo días en los que las dudas me abruman, asciendo a tu roca, que es mi amparo. Me paro ante el viento y miro mi preocupación desde una nueva perspectiva. Observo cómo mis preocupaciones se disipan a la sombra de tu poder. No tengo nada que temer.

Tú eres mi lugar seguro, Dios. Subo hasta tus hombros cuando me siento pequeña. Me sujeto al peso de tu poder y renuevo mis fuerzas. Eres mi seguridad en todo momento. Señor, mi vida precisa de tu autoridad. Anhelo que reines en cada uno de mis días. Ayúdame a construir un espíritu perseverante y un carácter honorable basado en tu bondad.

# Mira mi aflicción

Mírame, y ten misericordia de mí, porque estoy solo y afligido. Las angustias de mi corazón se han aumentado; sácame de mis congojas. Mira mi aflicción y mi trabajo, y perdona todos mis pecados.

SALMO 25:16-18

Señor, mira mi profundo dolor. Enfrento situaciones difíciles y me siento sola en la búsqueda de soluciones a mis problemas. Cuando logro apagar un incendio, puedo percibir el humo de uno nuevo, a punto de estallar en llamas. Ha sucedido demasiado. No sé por dónde comenzar..., excepto a los pies de tu cruz. Libérame, Señor. Toma mi angustia y mi aflicción y ten misericordia de mi alma.

Muchos de estos problemas que surgen son causados por malas decisiones que tomé apurada y sin seguir tu guía. Perdóname, Dios. No es la primera vez que me agobian los problemas. Dame fuerzas. Vuélvete hacia mí y mira el arrepentimiento que hay en mis ojos y mi corazón.

DAR

# Una servidora reticente

Los mandamientos de Jehová son rectos, que ale-
gran el corazón; el precepto de Jehová es puro, que
alumbra los ojos.

SALMO 19:8

Señor, cuando era niña, detestaba que me dijeran qué
hacer. Si me pedían que hiciera alguna tarea del hogar, me resistía, encontraba distracciones o la realiza-
ba rápido para salir del paso. Las reglas eran como un
castigo para mí. Sabía que era capaz de hacer lo que
me pedían, tan solo quería hacerlo a mi manera. Daba
de mí a mi propio ritmo.

¿Cuán a menudo me resisto a tus principios, Dios?
Conozco la manera en la que debo dar o servir, y aun
así batallo contra ella. No quiero cambiar mis planes
o tener alguna clase de inconveniente. He tenido un
corazón reticente, Señor, y estoy arrepentida. Ayúdame a obedecerte con un espíritu entregado. Lo pedí
tantas veces, pero aún anhelo un corazón gozoso que
siga tus caminos.

# Dar luz

Dijo luego Dios: Haya lumbreras en la expansión de los cielos para separar el día de la noche; y sirvan de señales para las estaciones, para días y años, y sean por lumbreras en la expansión de los cielos para alumbrar sobre la tierra.

GÉNESIS 1:14-15

Hay personas que simplemente alumbran cualquier lugar. Conozco cristianos que reflejan tu luz dondequiera que vayan. Señor, anhelo esa clase de brillo en mi vida. Muéstrame cómo emanar luz sobre una situación. Mi fe necesita ser pulida para que pueda destellar y reflejar tu rostro.

Guíame a la acción. No me dejes caer en un hoyo oscuro de apatía y hacer de él mi hogar. Cuanto más me alejo de tu luz, más difícil es reavivar mi pasión por hacer tu voluntad. Por sobre todo, deseo que mi esperanza en ti traiga luz a otros. Ayúdame a brillar, Señor.

## *Dar en secreto*

> Mas cuando tú des limosna, no sepa tu izquierda lo que hace tu derecha, para que sea tu limosna en secreto; y tu Padre que ve en lo secreto te recompensará en público.
>
> MATEO 6:3-4

Es difícil resistirse a llevarse el crédito, Señor. La verdad es que te estoy quitando el crédito cada vez que busco reconocimiento por ofrendar de mi tiempo, mi energía o mi dinero. Me siento tan humana cuando necesito confirmación. ¿No es suficiente con saber que Tú me ves y te sientes complacido? Señor, ayúdame a desear los aplausos del cielo por sobre todas las cosas. No dejes que tenga una vida pretenciosa que se alimente de reconocimiento o de éxito.

Siempre que ofrezca mi ayuda a otra persona, estoy dando de tu fuente de plenitud, no de alguna clase de abundancia que yo generé por mis propios medios. El crédito es para ti. Haz de mí un espíritu humilde, para que la bendición de dar more en mi corazón en secreto, bajo la mirada orgullosa del Padre. Complacerte a ti, Señor, es la única recompensa que deseo.

# Alabarte

... hablando entre vosotros con salmos, con himnos y cánticos espirituales, cantando y alabando al Señor en vuestros corazones; dando siempre gracias por todo al Dios y Padre, en el nombre de nuestro Señor Jesucristo.

EFESIOS 5:19-20

Alabarte. Mi espíritu se eleva de tan solo decírtelo. ¿Entonces por qué rápidamente reprimo la música que hay en mi alma? Hace tiempo me dije a mí misma que los cánticos y alabanzas eran superficiales y emocionales. Perdóname, Señor, me olvidé de que el regocijo no es algo frívolo, sino una ofrenda hacia ti.

Callé por demasiado tiempo. Levantaré mis manos hacia el cielo. Alzaré mi voz y te daré mi alabanza, Señor, porque eres digno. Oye mi himno de gratitud por todo lo que has hecho y sigues haciendo en mi vida. Ya no silenciaré mi espíritu en presencia tuya.

# DEJAR IR

# Enfadada

> No obstante, este pueblo tiene corazón falso y rebelde; se apartaron y se fueron.
>
> JEREMÍAS 5:23

No lo haré. No lo haré, Señor. No todavía. Sé que debería deshacerme de mi reciente conducta, pero todavía no estoy lista. Tú podrías obligarme a estar lista, pero decides no hacerlo. Ahora, escojo enfadarme por un rato. Mis dedos se vuelven blancos por agarrar tan fuerte esto que no logro soltar. Me duele la cabeza y en verdad me gustaría descansar. ¿Cuándo me convertí en alguien tan difícil?

Seguro, estoy temblando un poco. Mis brazos están cansados. Esta es, después de todo, una carga muy pesada. Creo que voy a descansar solo un momento..., lo suficiente como para almorzar. Sin esa gran ancla en mi corazón, podría resolver algunas cosas después del almuerzo. De seguro me sienta mejor, Señor.

Recojo mi carga nuevamente, pero esta vez para entregártela a ti. Lo entiendo... Cuando suelto estas cosas, soy libre. Escojo ser libre, Dios. Gracias por ser paciente conmigo.

# Acércate a mí, Señor

Someteos, pues, a Dios; resistid al diablo, y huirá de vosotros. Acercaos a Dios, y él se acercará a vosotros.

SANTIAGO 4:7-8

Someterse es uno de los conceptos que me molesta, Señor. Si tengo que confesarlo, la verdad es que me hace sentir algo amenazada. Ayúdame a ver la seguridad que viene con el someterse. Quiero estar bajo tu autoridad, tu control, el refugio de tu amor. Perdóname por estar aferrada a mi identidad como una mujer que fue artífice de su éxito. Luché tanto para tener el control de mi vida que siento que es poco natural entregártelo a ti.

Libérame de mi temor a la sumisión, Dios. Eso ha creado una pared entre nosotros. Por favor, acércate a mí. Fortaléceme para resistir la tentación de tener el control. Realmente deseo proclamar la identidad de una mujer hecha por Dios.

# ORACIÓN

## Oraciones de sanidad

Vuelve, y di a Ezequías, príncipe de mi pueblo: Así dice Jehová, el Dios de David tu padre: Yo he oído tu oración, y he visto tus lágrimas; he aquí que yo te sano; al tercer día subirás a la casa de Jehová.

2 Reyes 20:5

Lloro en privado, alejada de las preguntas bien intencionadas de mis amigos. Y Tú, Señor, ves mis lágrimas. Expresiones torpes y deshechas de dolor y confusión salen de mi boca; sin embargo, Tú sanas las palabras. Mi oración se completa cuando llega a tu corazón. Tu respuesta es perfecta: Tú me amas. Me miras. Sanas mi aflicción.

Puede ser difícil explicarles a tus hijos los caminos de la vida y el propósito de la pérdida. Cuando pregunto: "¿Por qué, Señor?", no apartas tu rostro de mi necesidad. Me acercas a ti y me muestras tu corazón. También está afligido; has tomado mi dolor. Te veo llorar y entiendo que tus lágrimas me han sanado.

# Misericordioso Señor

Jehová ha oído mi ruego; ha recibido Jehová mi oración.

SALMO 6:9

Anduve caminando adormecida y en negación por meses, Señor. Por fuera, todo parecía perfecto. Estuve al día con el trabajo. Hice la fila rápida del mercado y nadie me miró con condescendencia. Alenté a una amiga afligida con palabras que ni yo podía aceptar: "Él es un Dios misericordioso".

Entonces, mi corazón alzó la voz. Lancé un grito de auxilio pidiendo misericordia y compasión. Padre, gracias por aceptar esta oración. No podía juntar el coraje o la energía suficientes para traerte mis cargas. Estaba cansada de mí misma, pero Tú me sacaste de la trampa de la autocompasión. Soy una nueva criatura. Acepto la verdad sobre ti: eres misericordioso, Señor.

## Oración hecha canto

Pero de día mandará Jehová su misericordia, y de noche su cántico estará conmigo, y mi oración al Dios de mi vida.

SALMO 42:8

Canto para ti, Señor. Mi gozo, mi dolor y mi agradecimiento crean una sinfonía de emociones. En la soledad de la noche no puedo evitar cantarte. Libero las preocupaciones de mi día y te las entrego a ti. Te confío mi presente y mi futuro. Mi pánico se vuelve paz cuando las primeras notas de mi alabanza se alzan al cielo.

Tu cuidado me conmueve. Tu voz se funde con la mía por unos dulces segundos. Has escrito este cántico para traerme consuelo cada noche. Lo compartes conmigo para que pueda acercarme cuando las limitaciones de las palabras y el diálogo no alcanzan a expresar lo suficiente. Durante el día, guíame con tu amor. Por la noche, libérame con tu melodía. En todo momento eres mi Dios.

# Verdadera devoción

Perseverad en la oración, velando en ella con acción de gracias...

COLOSENSES 4:2

Dios, ¿puedes ayudarme a trabajar en mis problemas con el compromiso? Crea en mí un deseo de orar. Deseo ser una discípula disciplinada. Calma mi espíritu. La quietud y la soledad me preparan para tu presencia. Dirige mi mirada para ir en busca de tus respuestas, para comprobar cómo escuchas y respondes mi oración. Quiero ver y reconocer tu obra en mi vida.

Haz que crezca mi fe, Señor. Que cada día que pase en tu presencia pueda conocerte mejor. Reemplaza mi ignorancia con tu sabiduría. Ayúdame a desarrollar un compromiso más fuerte contigo. Enséñame a orar, Dios.

# FIDELIDAD

# Soy hija tuya

El que vive, el que vive, este te dará alabanza, como
yo hoy; el padre hará notoria tu verdad a los hijos.

Isaías 38:19

Señor, viviré este día como hija tuya. Quiero enfocarme
en mi identidad. Sin duda, necesitaré de tu guía. Come-
teré errores, ensuciaré tus planes tan puros y te preguntaré constantemente: "¿Por qué? ¿Por qué?". Pero
Tú ya conoces los tropiezos de tus hijos y eres un Padre
paciente. Las enseñanzas que me das con tu Palabra y
con tu amor en acción me ayudan a crecer. Alcanzo a
ver a la persona en la que quieres que me transforme.

Como una niña, correré en muchas direcciones
antes de pedir tu guía. Y para ese entonces, probablemente necesite que me cargues en tus hombros. Es
muy agotador ser niño. Pero ahora, al levantarme y
traerme consuelo con tu promesa de amor y de gracia,
me tranquilizo. Estar envuelta en tu fidelidad es todo
lo que necesito..., simplemente no sabía cómo llegar
aquí. Cuando acabe de descansar, ¿me cuentas un
cuento? Me gusta aquel del día en el que me convertí
en hija tuya.

# Buscando el camino a casa

La misericordia y la verdad se encontraron; la justicia y la paz se besaron. La verdad brotará de la tierra, y la justicia mirará desde los cielos.

Salmo 85:10-11

En el cruce de tu amor y tu fidelidad encontré la vida, Señor. Por muchos años, me he desviado del camino. Mi alma anhelaba el misterio, así que tomé senderos extraños y muy estrechos en los que solo encontré dolor y tribulación. Mi espíritu ansiaba el éxito y la fama, por eso me adventuré por las ostentosas calles principales, para encontrar solo fracaso y soledad.

Al final, dejé de seguir mis "deseos" y escuché a mi corazón. Mi paso se aceleró cuando eché un vistazo a las encrucijadas que había por delante. Tú me esperabas con paciencia en la esquina. No pregunté qué era lo que prometías ni cuánto tiempo duraría esa promesa. Encontré un hogar en tus ojos y allí me quedé por siempre.

# Perfecto y fiel

Jehová, tú eres mi Dios; te exaltaré, alabaré tu nombre, porque has hecho maravillas; tus consejos antiguos son verdad y firmeza.

Isaías 25:1

No te daba mucho de mí en los comienzos de mi vida, Señor. Qué espectáculo lamentable era yo en aquellos días. Descuidada, ruda, testaruda e ignorante. "¡Intenta hacer algo con esto que soy!", te desafié un día particularmente difícil. Estaba exteriorizando el tipo de coraje que ves en las películas de superhéroes, pero, por dentro, mi corazón te suplicaba: "*Por favor*, haz algo con mi vida".

Respondiste a ese grito de auxilio porque sabías que un día daría un paso hacia tu fidelidad y sería transformada en una resplandeciente hija de Dios. Has cambiado mi espíritu de rencor por un corazón de alabanza. Te alabo, Señor. Hace mucho tiempo que planeaste cosas maravillosas para mi vida. No puedo esperar a ver a dónde me guiará tu fidelidad.

# Tu creación es eterna

De generación en generación es tu fidelidad; Tú afirmaste la tierra, y subsiste.

SALMO 119:90

Bajo mis pies hay evidencia de tu compromiso, Señor. Creaste esta tierra y la pusiste a funcionar al servicio de tus hijos y de tu mayor propósito. Tu creación habla de tu eterna fidelidad, Dios. Tan solo el linaje de una familia tiene incontables testimonios de tu amor sin límites.

Oro para que pueda llevar aquellas historias sobre tu santidad a otros en mi familia. Haz que mis alabanzas contagien a mis hermanos espirituales. Y que pueda hablar de tu grandeza con aquellos que aún no te conocen. Que siempre sea una hija fiel, ejemplo de la fidelidad de mi Padre.

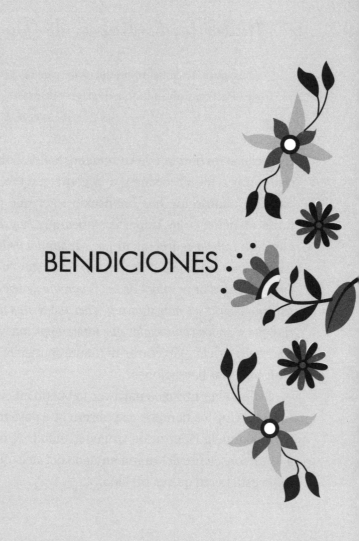

# BENDICIONES

# Recibir las bendiciones de Dios

Dios, pues, te dé del rocío del cielo, y de las grosuras
de la tierra, y abundancia de trigo y de mosto.

GÉNESIS 27:28

He recibido mi porción de tu bondad, Señor. Solo preciso mirar a mi alrededor y a la gente que me rodea para ver cuánto me has bendecido. ¿Por qué presto tanta atención a las imperfecciones que hay en mi vida? *Mi trabajo podría ser mejor. Mi familia podría ser un poco más agradable. Mi cuerpo podría estar en mejor forma, como el de la mujer de ese programa de televisión. Mi auto podría ser más nuevo y tener todos esos accesorios que vi en los comerciales que interrumpieron el show que estaba viendo.* ¿Ves cómo mi mente comienza a destruir todas las bendiciones?

Señor, abre mis ojos para ver lo bueno en cada situación. Que los tiempos de pobreza que pasé me hagan valorar la riqueza de tu generosidad. Ayúdame a estar consciente del maná enviado del cielo que cae sobre esta tierra que es mi vida.

## Complacida por tu gracia

Porque de su plenitud tomamos todos, y gracia sobre gracia.

JUAN 1:16

Señor, observo la vida que me diste y veo grandes bendiciones. Me has provisto en cada necesidad. Tu gracia me permitió alcanzar metas. Hay tanto más que quiero hacer, pero he aprendido a esperar tus tiempos. Hay un orden para las cosas del cielo. Cuando tus prioridades guían mi camino, las bendiciones traen más bendiciones.

Refréname cuando intento forzar el progreso en mi vida, Señor. Aun cuando algo parece traer éxito, no quiero nada en mi vida si no viene de ti. Concédeme discernimiento para saber la diferencia entre las ambiciones gestadas en mi corazón y las que se conciben en tu voluntad. Libérame de pensamientos de envidia, juicio y avaricia. Quiero que solo tu gracia sea lo que me traiga satisfacción.

# Heredar una bendición

... no devolviendo mal por mal, ni maldición por maldición, sino por el contrario, bendiciendo, sabiendo que fuisteis llamados para que heredaseis bendición.

1 PEDRO 3:9

Señor, soy más propensa a aferrarme al rencor que a bendecir a otra persona cuando me lastima. Mi reacción al conflicto revela cuánto necesito que tu perdón fluya a través de mí. Sáname del enojo que me brota tan rápidamente. Quiero ser un reflejo de tu imagen para los demás, aun cuando me hacen algún daño.

Ayúdame a reflexionar acerca de tu santidad antes de enfrentar una situación o un encuentro difícil. Deseo armarme de tu Palabra, tu fuerza y tu compasión para honrar tu nombre con mis actos. Heredaré una bendición al sembrar el legado de tu amor.

# Un corazón justo

Porque tú, oh Jehová, bendecirás al justo; como con un escudo lo rodearás de tu favor.

SALMO 5:12

Busca en lo profundo de mi corazón, oh Señor. Que lo encuentres justo y puro. Anhelo el gozo en mi vida. En este último tiempo de dificultad me vi tentada a cuestionar tus bendiciones. ¿Qué hice para merecer este dolor? Pero mi corazón sabe que he sido perdonada. Tu gracia cubre mis pecados. ¿Cómo puedo usar este momento para acercarme a ti, en vez de desafiar tu misericordia?

¿Qué lección quieres darme hoy sobre mi vida? Alivia mi confusión. Traspasa mi corazón con tu amor. Aliéntame por medio de amigos que crean en ti. Satura mis días con evidencia de las bendiciones que tienes preparadas. Rodéame con tu favor. Protege mi frágil corazón.

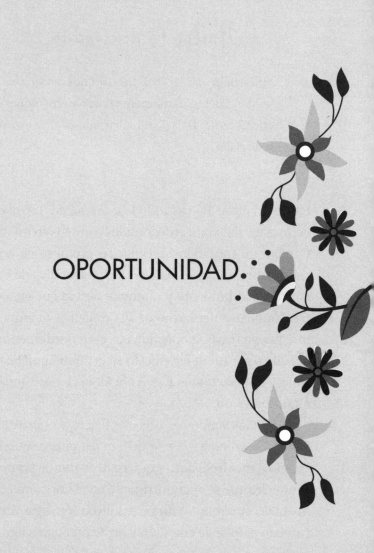

OPORTUNIDAD.

# Recibir lo desconocido

Muéstrame, oh Jehová, tus caminos; enséñame tus sendas. Encamíname en tu verdad, y enséñame, porque tú eres el Dios de mi salvación; en ti he esperado todo el día.

SALMO 25:4-5

Padre del cielo, Tú ves todo lo que sucede. Tener esta certeza me da paz al enfrentar los cambios en mi vida. Cambio mi incertidumbre por tu promesa de seguridad. Abre mis ojos para ver las maravillas de cada curva, cada tangente y aparente desvío que encuentre. No quiero perderme de tus milagros al empezar una nueva travesía opacada por el remordimiento, el orgullo o por un deseo puesto en el lugar equivocado. Quiero anhelarte solo a ti. Anhelar el camino que has forjado para mí.

Quita las vendas de mis ojos físicos y espirituales, Señor. Deseo poder ver la belleza del paisaje que has creado a mi alrededor. Y quiero disfrutar de las oportunidades que se encuentran allí en el horizonte. Que mientras emprendo esta nueva dirección, esta vez mi corazón palpite de emoción y no de preocupación.

# Hacer el bien

Así que, según tengamos oportunidad, hagamos bien a todos, y mayormente a los de la familia de la fe.

GÁLATAS 6:10

¿Dónde necesitas que haga el bien, Señor? Dirígeme. Guíame a las personas que quieres que sirva. Hace tiempo solía ayudar en distintas causas y organizaciones de manera aleatoria. Mi ofrenda en la iglesia se había transformado en un "Ya di mi parte en la tesorería" que usaba como excusa cada vez que se presentaba otra necesidad. Luego de eso, Dios, permitiste que experimentara pequeños actos de bondad. Y pude entender cómo las pequeñas cosas son las que más importan. Crea una motivación pura en mi corazón, Señor. Que haga el bien solo para honrarte a ti y no a mi propia reputación.

Ayúdame a alcanzar nuevas personas y a establecer relaciones. Y aun cuando mi encuentro con una persona sea solamente por un día, una hora, una sonrisa, esa será mi oportunidad de servirte. Esperaré, observaré y me pondré en acción en esas oportunidades.

# Escoger la paz

Si es posible, en cuanto dependa de vosotros, estad en paz con todos los hombres.

ROMANOS 12:18

Señor, anhelo tu paz en mi alma. Deseo incorporarla e impartirla a los demás. Donde haya una oportunidad de reflejar tu paz, hazme fuerte y valiente. Entrar en conflicto a veces es más fácil; me hace levantar barreras entre los demás y yo, o entre el camino correcto y yo. Pero no es tan agradable cuando estoy sola, indignada y del otro lado del muro.

Que pueda meditar en tu Palabra para que ella habite en mi mente en vez del enojo y el lenguaje defensivo. La paz fluye directamente de ti hacia mi vida. Conozco su poder para cambiar la conducta y quitar las vendas de los ojos. Bríndame la oportunidad de compartir este regalo.

# La oportunidad de toda una vida

> Y él le dijo: Como suele hablar cualquiera de las mujeres fatuas, has hablado. ¿Qué? ¿Recibiremos de Dios el bien, y el mal no lo recibiremos? En todo esto no pecó Job con sus labios.
>
> Job 2:10

Cuando mi tiempo, mi carrera, mi familia y mi vida espiritual salen como deseo, acepto tus caminos. Descanso en lo gratificante que puede ser mi fe. Pero cuando enfrento las adversidades, asumo que Tú me has abandonado o me has causado daño. Sé que esto no es verdad y que no nos das más de lo que podemos soportar. Señor, ayúdame a sentir tu presencia. Enséñame tu misericordia para que nunca me atreva a cuestionarla de nuevo. Dale una promesa a mi corazón para que pueda seguir adelante.

Siembra en mí una confianza que eche raíces firmes. Ayúdame a recordar las veces anteriores, aquellas en las que las dificultades se transformaron en lecciones, en fuerza y aun en bendiciones. Que pueda ver cada obstáculo como una oportunidad para aceptar *todo* lo que tienes para mí.

# GRACIA

# Vivir la gracia

Cada uno según el don que ha recibido, minístrelo a
los otros, como buenos administradores de la multi-
forme gracia de Dios.

1 Pedro 4:10

"Dios obra de manera misteriosa", suele decir la gente.
Yo lo digo también. Pero cuando examino mi vida, Señor, también veo que obras de una manera práctica y
concreta, cualquier cosa menos misteriosa. Una amiga me trajo consuelo durante una reciente racha de
días malos. El empleado de la tienda de video encontró
mi billetera y me la devolvió. Los sucesos diarios, cuando los observo, son, en verdad, anécdotas de tu gracia.

La gente que comparte sus dones de empatía,
bondad y honestidad expresan tu amor. Señor, cuando vuelva a sentir ese tironeo en mi corazón, permíteme ser fiel para seguir tu dirección. Puedo ver que
la manera de honrar los dones que por gracia me has
otorgado es estableciendo relaciones con el resto de
tus hijos. Puedo encontrar tu gracia en las situaciones
más triviales y cuando menos lo espero. Ayúdame a
estar atenta a tu gracia.

## Abundancia de redención

> ... en quien tenemos redención por su sangre, el perdón de pecados según las riquezas de su gracia, que hizo sobreabundar para con nosotros en toda sabiduría e inteligencia...
>
> Efesios 1:7-8

No dejes que viva en la pobreza espiritual, Señor. En lo material, no deseo nada. Tengo comida en mi mesa y un techo sobre mi cabeza. Tengo los medios para cuidar de mi familia. Hasta llegué a conocer el lujo de la abundancia. Pero se necesita sabiduría para acumular riqueza espiritual. Guíame para entender los tesoros de la salvación.

Tu amor me inspira y me llena, Señor. Fui redimida por el sacrificio de Cristo. Tu gracia me conduce a la riqueza espiritual y se multiplica para cubrir cada una de mis iniquidades. Has pagado un precio por mi alma y eso me dio la riqueza de ser una hija de Dios.

# Trabajo tan duro

Porque por gracia sois salvos por medio de la fe; y esto no de vosotros, pues es don de Dios; no por obras, para que nadie se gloríe. Porque somos hechura suya, creados en Cristo Jesús para buenas obras, las cuales Dios preparó de antemano para que anduviésemos en ellas.

Efesios 2:8-10

Trabajo de manera incansable, Dios. Veo el sudor en mi frente cuando examino los frutos de mi labor. Las señales de mi esfuerzo pueden verse por todos lados. A ti te dedico el trabajo de mis manos. Y, aun así, me resisto a la única cosa que me llama a hacer: arrodillarme ante ti y aceptar tu gracia. ¿Por qué se me hace tan difícil, Señor?

Ablanda mi corazón para recibir tu gracia salvadora. Quítame la necesidad de ganarme tu amor. Tú otorgas tu gracia sin pedir nada a cambio, para que yo pueda enfocarme en hacer la buena obra que has preparado para mí. Concédeme un entendimiento más profundo de tu provisión. Y recibe mi humilde espíritu mientras descanso en tu misericordia.

# Acercarse al trono

Acerquémonos, pues, confiadamente al trono de la gracia, para alcanzar misericordia y hallar gracia para el oportuno socorro.

HEBREOS 4:16

Doy un paso de fe, Señor. Alzo mis manos hacia ti con esperanza. Derrama tu gracia sobre mí. Deja que me cubra, me llene y luego se desborde de mí. Te necesito hoy más que nunca. He caminado por meses en una falsa confianza basada en mis propias habilidades. Esa confianza se desmoronó. Tan pronto como le arrojaron una pequeña piedra a mi imagen exterior, todo se vino abajo dejando pequeños trozos de polvo y orgullo.

Sopla tu misericordia en mi alma. Que mi cuerpo dependa de ella más que del aire. Reconstruye mi vida de acuerdo con tus planes. Solo así podré volver a ti con confianza para pedirte ayuda, pedirte gracia y ser plena.

# AMOR

# Amar al prójimo

No debáis a nadie nada, sino el amaros unos a otros;
porque el que ama al prójimo, ha cumplido la ley.

ROMANOS 13:8

Señor, te pido una renovación en mi relación con mi familia y amigos. Mi corazón está ligado a tanta gente que a veces pierdo de vista la singularidad y el privilegio de cada relación individual. Guía mis pensamientos y mis oraciones para que pueda discernir las necesidades de aquellos que has puesto en mi vida. Que pueda ver de qué manera cada amigo y familiar es una parte del cuerpo de Cristo.

Cuando precise ánimo y reírme un poco, acércame a aquellos que me la ofrecen. Te agradezco por las personas que me brindan consuelo, que oran por mí y son ejemplo de tu amor. Algunos vínculos son frágiles y endebles, otros son íntimos y fuertes; oro por sabiduría para saber cómo nutrir a cada uno de ellos.

# Todo mi corazón

Oye, Israel: Jehová nuestro Dios, Jehová uno es. Y amarás a Jehová tu Dios de todo tu corazón, y de toda tu alma, y con todas tus fuerzas.

DEUTERONOMIO 6:4-5

Señor, dame la capacidad de amar en lo profundo y por completo. Tiendo a reprimirme. Me mantengo distante en cuestiones del corazón cuando debería sumergirme en ellas sin pensarlo. Cuando miro la cruz, sé que me has mostrado la misericordia más profunda. El sacrificio. El perdón. La salvación. Ayúdame a adoptar este ejemplo de amor perfecto y vivirlo día a día.

A veces me resisto a devolverte todo el amor que me das, quizá porque sé que nunca podría pagarte la misericordia que me has otorgado. Por favor, Señor, acepta mi ofrenda de amor. No será todo lo que mereces, pero te daré todo de mí. Tu Palabra y tu ejemplo avivan mi pasión. Anhelo que mi amor por ti me consuma hasta que seas el dueño de mi corazón y mi alma.

# Mejor que la vida

Porque mejor es tu misericordia que la vida; mis labios te alabarán.

SALMO 63:3

Mis cosas favoritas en la vida son ejemplos de tu belleza perfecta. Un cielo tan azul que refleja tu paz. Amistades tan sólidas como un espejo de tu fidelidad. Alegría tan profunda que comprende tu gozo. No puedo separarte de estos milagros de la vida porque Tú eres el núcleo de todos ellos. Y por mucho que aprecie estos obsequios, sé que tu amor por mí y por tu creación es aún más vivo y fuerte.

Señor, alabo tu presencia en cada suceso extraordinario. Tu resplandor ilumina los milagros que ocurren a cada momento. Que pueda alabarte con cánticos cada día. Que mi boca te glorifique, porque no hay nada mejor que tu amor.

# Me has oído

Amo a Jehová, pues ha oído mi voz y mis súplicas; porque ha inclinado a mí su oído; por tanto, le invocaré en todos mis días.

SALMO 116:1-2

No preciso que nadie me dé su palabra, Señor. Tengo la certeza de que oyes mis oraciones. Me encanta escuchar testimonios de personas que han clamado a ti y han recibido consuelo en su dolor..., pero no necesito de estos ejemplos para estar segura en ti. Yo sé de tu bondad y tu misericordia. En ocasiones, clamé en desesperación. En momentos en los que me sentí indigna de tu atención, Tú inclinaste tu oído hacia mí y me mostraste tu fidelidad.

Me alcanzas en mi peor momento y me sostienes, me consuelas y ves mi aflicción. Tu compasión es como un bálsamo que sana mi alma. Derramo lágrimas cuando pienso en tu amor incondicional. No preciso que me convenzan de tu misericordia, porque cuando clamé a ti, Señor, siempre me oíste.

# BÚSQUEDA

# Corazón y alma

Poned, pues, ahora vuestros corazones y vuestros ánimos en buscar a Jehová vuestro Dios...

1 Crónicas 22:19

Señor, ¿te busco tanto como debería? Mis *hobbies* se han apoderado de mi vida. ¿Te presto la misma atención que a ellos? Paso incontables horas recorriendo librerías, leyendo con detenimiento y sumergiéndome en las riquezas del mundo de las palabras. ¿Cuándo fue la última vez que dediqué la misma energía a mi búsqueda espiritual? Ha pasado un tiempo ya.

Me doy cuenta de que descuidé mi búsqueda de ti, Dios. Tú y mi fe deberían ocupar más tiempo en mi mente que cualquier otro interés. Infunde en mi alma un deseo de conocerte más, por completo. Quiero saber todo acerca de ti. Tengo sed de tu Palabra. Consagro mi corazón y mi alma para buscarte y descubrir tu voluntad para mi vida.

# Nombre sobre todo nombre

En ti confiarán los que conocen tu nombre, por cuanto tú, oh Jehová, no desamparaste a los que te bus-
caron.

Salmo 9:10

Conozco bien tu nombre, Señor. Lo susurro en tiempos de angustia. Lo sostengo con fuerza al entrar en
un lugar de temor. Lo levanto con mi alabanza en momentos de celebración. Lo has sellado en mi corazón
de modo que nunca olvide quién es el Creador de mi
alma. No voy a ninguna parte sin cubrirme con tu
nombre, porque es poderoso.

Cuando sienta dudas, Dios, recuérdame que "se
llamará su nombre Admirable, Consejero, Dios Fuerte, Padre Eterno, Príncipe de Paz". Eres todas esas cosas para mí, Señor. No dejes que me olvide de clamar
a ti, Aquel que no me abandona, sino que me guía a
lugares más altos.

# Pensamientos de Dios

El malo, por la altivez de su rostro, no busca a Dios;
no hay Dios en ninguno de sus pensamientos.

SALMO 10:4

Señor, revélame dónde me muestro soberbia. ¿Qué me hace tropezar cuando intento seguir tu voluntad? Los obstáculos que en mi vida crecen y amenazan con quedarse no me dejan verte con claridad. Aunque sé que será doloroso, por favor quita esos obstáculos de mi carácter para que pueda tener una vida santa.

Sana la ceguera que viene como consecuencia de estar tan enfocada en mí misma. Cuando mis ojos solo se fijan en mi propia vida, pierdo de vista el futuro que Tú tienes para mí. Me hundo en mis preocupaciones y quedo inmóvil cuando debería estar en busca de tu libertad. Señor, por favor, apártame de pensamientos egoístas que no me dejan oír tu voz, la voz que me da propósito.

# Justicia para todos

> Muchos buscan el favor del príncipe; mas de Jehová viene el juicio de cada uno.
>
> PROVERBIOS 29:26

Quiero ser escuchada, Señor. Siempre deseo contar mi lado de las cosas para que una autoridad pueda defenderme. Pero eres Tú, Señor, quien debería recibir mi pedido de justicia. Tú eres el juez de mi alma y mi vida, ¿por qué debería buscar otro que me legitime? Del mismo modo, ayúdame a resistir el juicio sobre el destino de otros. Esa es tu tarea, no la mía.

Dios, guíame en tus caminos cuando enfrente un conflicto. Lléname de sabiduría, honestidad y coraje, y permíteme descansar en tus fuerzas si alguien me acusa. Te pido que me mantengas libre de culpa, para que tu nombre no sea ensuciado. Guarda mi corazón del rencor si alguien me trata injustamente. Que pueda vivir el perdón y la fe, anticipando el amor y la justicia que recibiré en tu presencia.

FE

# Restaurada por la fe

Entonces les tocó los ojos, diciendo: Conforme a vuestra fe os sea hecho. Y los ojos de ellos fueron abiertos.

MATEO 9:29-30

Sáname, Señor, por dentro y por fuera. Mi espíritu está cansado por el peso de las preocupaciones y el estrés. Crea un alma sana dentro de este templo. Descuidé mi espíritu; muéstrame el camino de regreso a ti. Heridas que ignoré por mucho tiempo precisan tu toque sanador. Remueve las cicatrices que me recuerdan los dolores del pasado que no he olvidado. Confío en que Tú enmendarás mi corazón.

Permíteme tener la misma convicción cuando se trata de mi salud física. Sé que oyes y respondes estas oraciones. Ayúdame a ver que no alcanzo a comprender la gran cantidad de maneras en las que puedes sanar. Mis ojos humanos a veces pasan por alto tus actos de misericordia. Restaura mi vista, Señor. Deseo sentir tu toque y oírte decir: "Conforme a vuestra fe os será hecho".

# Enfrentando la tormenta

Y he aquí que se levantó en el mar una tempestad tan grande que las olas cubrían la barca; pero él dormía. Y vinieron sus discípulos y le despertaron, diciendo: ¡Señor, sálvanos, que perecemos! Él les dijo: ¿Por qué teméis, hombres de poca fe? Entonces, levantándose, reprendió a los vientos y al mar; y se hizo grande bonanza.

MATEO 8:24-26

La locura me consume, Señor. Debajo de la confianza y seguridad que demuestro ante el mundo, Tú sabes bien que hay un mar de temores. Puedo sentirlo cuando paso algunos minutos en silencio, por lo que a veces evito pasar tiempo en calma contigo. Tengo miedo de enfrentar la tormenta.

Dios, soy como los discípulos que te seguían y oían tus lecciones acerca de lo que significa creer. Oí tus parábolas y fui testigo de tu fidelidad, sin embargo, clamo "sálvame" con poca fe. Atrae mi mirada hacia ti. Cuando los vientos se detengan y me encuentre contigo en las aguas de la calma, quiero que me halles de pie como una sierva fiel.

# Nada es imposible

... porque de cierto os digo, que si tuviereis fe como un grano de mostaza, diréis a este monte: Pásate de aquí allá, y se pasará; y nada os será imposible.

MATEO 17:20

Dios Todopoderoso, tu fuerza es parte de mi vida. Lo increíble de esta verdad es que siempre encuentro razones para no echar mano de este recurso. ¿Cómo es posible que compartas con tus hijos tal fuerza? ¡Qué Dios tan asombroso eres! La historia nos muestra que los reyes de los hombres con frecuencia despojan a sus súbditos de toda esperanza. Tú, en cambio, los vistes de posibilidades.

Muéstrame lo que puede lograr la fe, incluso la fe más pequeña. La próxima vez que deba enfrentar una montaña en mi vida espiritual no preguntaré si me vas a ayudar a llegar a la cima, sino que sacaré de mi interior una fe que pueda moverla por completo.

# Promesas a otros

¿No tenemos todos un mismo padre? ¿No nos ha creado un mismo Dios? ¿Por qué, pues, nos portamos deslealmente el uno contra el otro, profanando el pacto de nuestros padres?

MALAQUÍAS 2:10

Quiero ser una guardiana de tus promesas. Señor, ayúdame a contraer solo los compromisos que tenga fuerzas para cumplir. Las buenas intenciones hacen que me comprometa a ayudar en demasiadas cosas. Pero descubrí algo: me cuesta distribuir mi tiempo y mi responsabilidad. Perdóname si le fallé siquiera a una sola persona. Soy libre en tu misericordia y me has hecho libre de vivir una vida llena de culpas.

No dejes que deposite mi confianza en mí misma y que viva de manera independiente. Es entonces cuando me cargo con demasiadas exigencias. Líbrame de partir el pan con un amigo un día y al siguiente traicionar su confianza. Bendíceme con un corazón cuya generosidad sea respaldada por la perseverancia y el compromiso.

# EL FUTURO

# Tu perfecta voluntad

No os conforméis a este siglo, sino transformaos por
medio de la renovación de vuestro entendimiento,
para que comprobéis cuál sea la buena voluntad de
Dios, agradable y perfecta.

ROMANOS 12:2

Demasiadas elecciones y decisiones abundan en mi
mundo, Señor. Deseo descansar en tu voluntad y en
tus caminos para no perder de vista mi futuro como
hija de Dios. Mi trabajo, a veces, puede consumirme y
mis preocupaciones por las cosas materiales pueden
llegar a sabotear tus bendiciones. Transforma mi corazón, Dios. Que los asuntos de la eternidad sean mi
prioridad.

Oh, cuánto anhelo tener una vida trascendente.
Pero incluso mientras oro, mis inseguridades pueden
llegar a inundarme y no dejan ni un espacio para el
propósito que quieres derramar en mi copa. No me
permitas llenarme de desorden y trivialidades. Señor,
que mi vida, mi corazón y mi alma sean vasijas que
esperan el derramamiento de tu Espíritu.

# Libérame de la preocupación

¿Y quién de vosotros podrá con afanarse añadir a su estatura un codo? Pues si no podéis ni aun lo que es menos, ¿por qué os afanáis por lo demás?

Lucas 12:25-26

Señor, Tú eres mi fortaleza en todas las cosas. ¿Cómo podría olvidar que tu mano poderosa está puesta sobre mi vida? Hoy te entrego todas las cosas que dominan mi corazón y mi mente. Ayúdame a soltar las preocupaciones que me tienen sujeta y dártelas a ti. Toda esta ansiedad no me permite transitar la vida que has planeado para mí. Tu misericordia me rodea con consuelo. Tu amor es mi fortaleza y mi futuro.

Encuéntrame hoy, Padre. Aquí en este momento, en medio de los problemas que me sobrecargan. A veces me cuesta pedir ayuda y admitir mi debilidad. Pero mi alma está cansada y quiero entregarte mis cargas. Eres un Dios poderoso y fiel. Gracias, Dios, por oír mis plegarias hoy y cada día. Mi espíritu se eleva cuando hablo contigo. Te amo, mi Señor.

## Esperanza y futuro

> Porque yo sé los pensamientos que tengo acerca de vosotros, dice Jehová, pensamientos de paz, y no de mal, para daros el fin que esperáis.
>
> JEREMÍAS 29:11

Mi lista de quehaceres y los recordatorios que saltan en la pantalla de mi computadora reflejan algo de mi propia naturaleza. Me gusta saber lo que va a pasar y cómo sucederá. No me gustan las sorpresas. Creo que lo desconocido representa siempre problemas en potencia. Dios, cúrame de una visión tan pesimista de mi futuro. Tengo esperanza..., el problema es que también quiero tener el control. Es tan poco acertado de mi parte tener tan poca confianza en ti, Creador del universo y de mi vida.

Alcánzame y trae paz a mi mente activa y llena de preocupaciones, para que pueda recibir y aceptar tu Palabra. Quieres ayudarme, no dañarme. Reemplaza mi anticipación a las complicaciones con tu seguridad y certeza. Que pueda terminar mi lista de tareas con oraciones de agradecimiento.

## Una charla conmigo misma

> Por lo cual estoy seguro de que ni la muerte, ni la vida, ni ángeles, ni principados, ni potestades, ni lo presente, ni lo por venir, ni lo alto, ni lo profundo, ni ninguna otra cosa creada nos podrá separar del amor de Dios, que es en Cristo Jesús Señor nuestro.
>
> ROMANOS 8:38-39

Si pudiese hacer una videollamada con mi yo del pasado, del presente y del futuro, creo que descubriría una verdad: tu amor siempre ha estado conmigo. Las voces de las diferentes etapas de mi vida contarían historias de cómo has demostrado tu compromiso. Intenté medir tu amor alejándome del alcance del cielo. Rompí las reglas y llevé tu amor hasta el límite. Lo aparté de un empujón cuando la duda intentó perforar tu verdad.

Y tu amor se mantuvo allí.

Tengo muchas preguntas acerca de mi futuro, pero, luego de observar el curso de mi vida, una cosa me queda clara: mi corazón nuca se separará del amor de su Creador.

# MILAGROS

## Algo extraordinario

> Y todos, sobrecogidos de asombro, glorificaban a
> Dios; y llenos de temor, decían: Hoy hemos visto ma-
> ravillas.
>
> Lucas 5:26

Señor, te confieso que estuve pensando en cuán co-
mún y corriente es mi vida. Me despierto, voy a trabajar, intento ser una buena amiga y un buen miembro
de mi familia, pero nada extraordinario sucede. Soy
tan solo yo, atravesando las necesidades de cada día.

Perdóname, Dios... porque he olvidado lo extraordinario que es respirar, estar viva. De algún modo
ignoré el privilegio del verdadero gozo. ¿Y cuántas veces me ha maravillado la manera en que cubres mis
heridas? Cada día que avanzo hacia tus planes, para
mí es un milagro de renovación. Alabado seas, Dios,
porque estás haciendo cosas excepcionales en mi ser
hoy. Solo necesitaba que me lo recordaras.

# Cuéntale al mundo

Porque de cierto, señal manifiesta ha sido hecha por ellos, notoria a todos los que moran en Jerusalén, y no lo podemos negar. Sin embargo, para que no se divulgue más entre el pueblo, amenacémosles para que no hablen de aquí en adelante a hombre alguno en este nombre.

HECHOS 4:16-17

Tantas personas alrededor del mundo y a través de la historia han intentado callar tu nombre, Señor. Pero tu nombre y el evangelio de salvación continúan extendiéndose a cada continente y a los corazones de la gente. Pienso en tus discípulos, a quienes les pidieron que no contaran acerca de los milagros realizados por tu poder. Les advirtieron e incluso los amenazaron y, a pesar de todo, respondieron que no podían dejar de anunciar todo lo que habían visto y oído. Enfrentaron el riesgo y se mantuvieron fieles a ti.

Te doy gracias por la libertad de compartir mi fe. Puedo hablar del milagroso amor que experimenté. Anímame a hacer uso de esta bendición. Dame coraje para callar ante el sonido de un milagro.

## Porque creo

Aquel, pues, que os suministra el Espíritu, y hace maravillas entre vosotros, ¿lo hace por las obras de la ley, o por el oír con fe?

GÁLATAS 3:5

Señor, creo en ti y te creo a ti. Ese es mi cimiento cuando leo acerca de tus milagros en las Escrituras. Pero el poder de tales maravillas es más de lo que las personas de aquel tiempo o de hoy día pueden llegar a comprender. Dios, reconozco que yo también, por momentos, intento poner la obra de tus manos bajo la lupa de las leyes del hombre y la naturaleza, y examinarla. Solo un poco.

Aun hoy, leo acerca de situaciones milagrosas que evidencian tu obra y debo luchar contra las ansias de ver si existe alguna otra explicación para ellas. Ayúdame a creer en lo que oí y leí. Concédeme discernimiento para que pueda aceptar por completo las señales de tu Espíritu que sigue obrando hoy.

# Control climático

Y no hizo allí muchos milagros, a causa de la incredulidad de ellos.

MATEO 13:58

Señor, sáname de mi incredulidad. Un clima de fe da la bienvenida a tus maravillas. ¿Acaso mi falta de fe te ha detenido para hacer algún milagro en mi vida? A veces me es difícil no ser cínica. Comienzo sintiéndome frustrada por la condición en que se encuentra el mundo, mi ciudad, mi familia o yo misma; luego, permito que este sentimiento se filtre en mi fe. No dejes que contamine mi espíritu, Señor.

Restaura en mí un corazón fiel. Guíame a las personas que me alientan y que contrarrestan la apatía que se va acumulando en mi vida diaria. Quiero desbordar de fe. Deseo estar lista para recibir un milagro.

# ABUNDANCIA

# Anunciar tu bondad

Del poder de tus hechos estupendos hablarán los hombres, y yo publicaré tu grandeza. Proclamarán la memoria de tu inmensa bondad, y cantarán tu justicia.

SALMO 145:6-7

Señor, puedo ver tu maravillosa obra dondequiera que vaya. La bondad fluye a través de muchas vías, pero su única fuente eres Tú. Fortalece mi espíritu para que pueda ser audaz al hablar de tu grandeza. A veces, me intimida hablar sobre ti. Otras veces, siento que es presumido de mi parte mencionar mi fe. Dios, guía mi corazón para hablar de tu verdad en todo momento. Que mis palabras nunca sean forzadas, sino que fluyan hacia mí desde ti, la fuente de toda bondad.

Cuando hable acerca de ti con los demás, ayúdalos a descubrirte y celebrar la abundancia de tu amor y misericordia. Levanta mi voz para cantar tus virtudes. Dirige mis pasos hacia aquellos que necesitan oír las buenas nuevas. Y cuando yo también las olvide, recuérdame esta oración y las alabanzas que siento en mi corazón en este día.

# Con mucho o con poco

Sé vivir humildemente, y sé tener abundancia; en todo y por todo estoy enseñado, así para estar saciado como para tener hambre, así para tener abundancia como para padecer necesidad. Todo lo puedo en Cristo que me fortalece.

FILIPENSES 4:12-13

Señor, tu mano me ha guiado en tiempos de abundancia y en tiempos de necesidad. Gracias por ser mi fortaleza y mi guía. Cuando tenía hambre de más y sed de oportunidad, seguí tu dirección y me llevaste a días más alegres. Me guiaste a través de los años de prosperidad para que aprendiera a administrar mis bendiciones. Mi estatus en el mundo puede cambiar, pero mi relación contigo permanece.

Enséñame a estar satisfecha, Dios. Que cuando tenga riquezas materiales, aún anhele tu dirección, tu alimento espiritual. Cuando pase por dificultades, guía mis pensamientos y oraciones hacia ti. Que seas mi guía y esperanza. Puedo hacer todas las cosas y superar cualquier circunstancia porque Tú me fortaleces.

# Un sueño hecho realidad

El que labra su tierra se saciará de pan; mas el que sigue a los vagabundos es falto de entendimiento.

PROVERBIOS 12:11

Me cuesta tanto mantener la concentración. Cualquier cosa, por más pequeña que sea, me distrae. Cuando al caminar me cruzo con alguien que parece vivir la vida que yo deseo, viro mi rostro para mirarlo mientras se aleja. Enfoca mi mente en lo que tengo que hacer, Señor. Vuelve mi atención y mis intenciones hacia las cosas importantes y maravillosas de mi vida.

Cuando tengo la cabeza en las nubes, fantaseando con lo que deseo o creo necesitar, tráeme de vuelta para ver la abundancia que me rodea. Tengo familia, amigos, salud, y te tengo a ti. Las tareas que hoy realizo cosecharán recompensas reales: no solo placeres materiales, sino también tesoros emocionales como satisfacción, plenitud, colaboración, significado y propósito. Seguiré soñando, Señor, pero con el corazón puesto en el sueño que ya es realidad: tu amor incondicional.

# Lo mío es tuyo

Oh Jehová Dios nuestro, toda esta abundancia que hemos preparado para edificar casa a tu santo nombre, de tu mano es, y todo es tuyo.

1 Crónicas 29:16

Todo lo que yo pueda crear, Señor, es creación tuya. Mis mejores ideas son como maná que viene del cielo. La vida que estoy viviendo es un templo que te pertenece. Que pueda dártelo por completo y entender que Tú eres la fuente de todo lo bueno que hoy tengo. Cuando me siento y observo a mi familia, sé que son un regalo que viene de ti.

Líbrame de la carga que conlleva el poseer cosas. Cumpliré con mis responsabilidades y cuidaré bien de todo lo que esté a mi cargo, pero hazme libre del deseo de adjudicarme las posesiones como propias: *Quiero. Necesito. Debo tener.* Estos pensamientos se hacen usuales. Quiero descansar en ti sabiendo que eres el dueño de todo lo que tengo. Las bendiciones vienen de tu mano y ahí, bajo tu cuidado, es donde las dejaré.

# PROVISIÓN

# El pan de cada día

El pan nuestro de cada día, dánoslo hoy.

MATEO 6:11

Señor, te entrego todo mi día. Con humildad te doy mis días en sacrificio para que los uses para tu gloria. Esta vasija vacía estará llena de fortaleza, coraje, esperanza y bendiciones. Tu provisión fluye como agua viva y es abundante. Que todos puedan ver que Tú eres quien me da vida y me provees en cada necesidad. Tú, el pan de vida, no dejas que ninguno de tus hijos pase hambre.

Allí donde no había nada en mi vida, ahora hay abundancia de cosas buenas. La tierra seca se ha transformado en floridos pastizales. Y cuando no pueda ver esas bendiciones y pida aún más sin ver lo mucho que me diste, recuérdame que el pan de cada día *es* suficiente. Que mi corazón pueda abrirse para recibir tus bendiciones por gracia. Y que cada día que ponga en tus manos sea agradable ante tus ojos.

# Tú me reanimas

Abundante lluvia esparciste, oh Dios; a tu heredad exhausta tú la reanimaste. Los que son de tu grey han morado en ella; por tu bondad, oh Dios, has provisto al pobre.

Salmo 68:9-10

A veces me canso del camino. Muchas veces has tenido que cargarme, Señor. Me sentí agobiada e inútil al atravesar un momento difícil: una existencia que parece un desierto, donde escasean el alimento y la sustancia. Todo lo que intento sembrar simplemente se marchita y vuela hacia el horizonte..., lejos de mí.

Miro atrás, hacia aquellos momentos de mi vida. Enviaste lluvias de renovación de tantas maneras: aparecieron oportunidades cuando yo no las creía posibles, actos de bondad transformaron mis malas actitudes en humildad y fluyó sobre mí la abundancia de tu amor. Tu provisión me trajo de vuelta a la vida. Mi travesía continúa y ya no temo de la sequía que me toque enfrentar.

# Aprendiendo a compartir

A los ricos de este siglo manda que no sean altivos, ni pongan la esperanza en las riquezas, las cuales son inciertas, sino en el Dios vivo, que nos da todas las cosas en abundancia para que las disfrutemos. Que hagan bien, que sean ricos en buenas obras, dadivosos, generosos...

1 TIMOTEO 6:17-18

¿Quién puede seguirle el ritmo a la bolsa de valores? Yo la encuentro muy confusa. Siento que me han dejado atrás en la carrera para hacerse rico. Tener más que el vecino ya no es el estándar, ahora nos comparamos con las estrellas de cine y los magnates del mundo cibernético. Señor, ayúdame a salir de este círculo inmoral. Que mi riqueza sea mi amor por el prójimo. Dirige mis anhelos hacia ti y que mi meta sea la prosperidad espiritual.

Señor, tengo lo suficiente... No, tengo más que suficiente: ¡soy rica! Enséñame a ser una buena administradora y una sierva fiel. Que use mi dinero conforme a tu voluntad. Tú me provees con abundancia, Dios, y quiero invertir en tu esperanza.

# Lo que la vida produce

Y aprendan también los nuestros a ocuparse en buenas obras para los casos de necesidad, para que no sean sin fruto.

TITO 3:14

Fui muy devota de una gran cantidad de cosas a lo largo de los años. Lamentablemente, algunas de ellas fueron lujos pasajeros, necesidades que obedecían a una moda. Y aprendí mucho cuando se acabaron. Señor, Tú eres mi única devoción real. Ayúdame a dar el próximo paso luego de amarte: seguirte.

Siembra en mí un carácter honrado. Que pueda trabajar duro y realizar gestos de bondad. Que tu semilla de gracia sembrada en mi corazón caiga en tierra fértil, para luego recoger una cosecha de honor. Oro para que me permitas convertir tu provisión en una producción continua de bondad. Deseo vivir una vida que te agrade y beneficie a los demás. Dirígeme en tus caminos y mantén mi espíritu ardiendo en devoción a ti.

RENOVACIÓN

# Con pocas fuerzas

En la multitud de tus caminos te cansaste, pero no dijiste: No hay remedio; hallaste nuevo vigor en tu mano, por tanto, no te desalentaste.

ISAÍAS 57:10

Siempre soñé con ser una mujer respetada y productiva, con muchas responsabilidades. Pero mis fantasías revelaban una imagen falsa de una versión calmada, reposada, equilibrada y bien ataviada de mí misma. En la realidad, Señor, las tareas y compromisos que conlleva ser una mujer exitosa pueden ser tediosos. Y me encuentro cansada.

Cuando no me quedan fuerzas, corro al Altísimo. Señor, renueva mi espíritu hoy. Llena mi cuerpo y mi alma con tu fuerza y poder sin límites. Cuando mis piernas se tambaleen por el peso de las obligaciones, recuérdame aferrarme al plan que tienes para mi vida. Preciso entregarte mis ocupaciones cada día. Solo así mis pasos serán fuertes para conducirme por el buen camino.

# De adentro hacia afuera

Crea en mí, oh Dios, un corazón limpio, y renueva un espíritu recto dentro de mí.

SALMO 51:10

Perdóname, Dios. Entrego tan fácilmente mi corazón a las cosas de este mundo que ahora está manchado por tanta falsedad. Tiene grietas que dejaron algunos asuntos que no supe manejar. Limpia mi corazón, Señor. Deseo que brille para reflejar tu grandeza. Sana los lugares rotos, si así lo deseas. Anhelo sentir el latir de un corazón transformado y completo.

Renueva en mí un espíritu de honestidad e integridad, Señor. Sé lo valiosa que soy para ti. No me dejes derrochar este amor en actividades triviales o en metas que culminan en angustia. Toda mi vida se transforma cuando me renuevas por dentro. Tal milagro solo puede venir de tu gracia y tu poder.

## Belleza eterna

... nos salvó, no por obras de justicia que nosotros hubiéramos hecho, sino por su misericordia, por el lavamiento de la regeneración y por la renovación en el Espíritu Santo, el cual derramó en nosotros abundantemente por Jesucristo nuestro Salvador, para que justificados por su gracia, viniésemos a ser herederos conforme a la esperanza de la vida eterna.

Tito 3:5-7

Bautizada por tu Espíritu voy por la vida como nueva criatura: una mujer que ha vuelto a nacer a una vida basada en el amor de su Creador. Cuando me siento agotada o incapaz de seguir con mi rutina, reflexiono sobre el renacer espiritual y, al instante, me elevo por encima de las preocupaciones de este mundo.

Las mujeres en general se esfuerzan por ser perfectas, por estar siempre bellas y con un cuerpo admirable. Y mientras tanto, pasan por alto sus defectos internos: duda, falta de valor y envidia. Señor, no permitas que cambie tu esperanza por seguridades falsas y superficiales. Mi esperanza está puesta solo en la belleza que no cambia: la vida eterna.

# Hablar de más

> Oh Jehová, he oído tu palabra, y temí. Oh Jehová, aviva tu obra en medio de los tiempos, en medio de los tiempos hazla conocer; en la ira acuérdate de la misericordia.
>
> HABACUC 3:2

"¡Abre sus ojos, Señor!". A veces, mi mente grita eso cuando estoy frente a gente con el corazón endurecido, que no entiende la esencia de la vida y obra en contra del bien. Clamo a ti como si fueras Superman. Sálvalos. Sálvanos. Sálvame.

Tú eres todopoderoso, Dios, entonces, abre sus ojos. Muéstrales a estas personas que no conocen el verdadero amor y perdón que viene de tu gracia. Cambia los corazones de aquellos que tienen malas intenciones y son autodestructivos. Leí en la Biblia acerca de tus apariciones. ¿Por qué no te haces presente ahora? Quiero que mis pares, que mi cultura pueda sentir tu poder.

Aquí es cuando Tú me devuelves mi petición y me humillo. Escucha hoy mi oración: "Ayúdame a ser *yo* quien los lleve hacia ti".

# PLANES

## *Hacer el esfuerzo*

Todo lo que te viniere a la mano para hacer, hazlo
según tus fuerzas; porque en el Seol, adonde vas, no
hay obra, ni trabajo, ni ciencia, ni sabiduría.

ECLESIASTÉS 9:10

Esta es mi oportunidad. Lo sé. A veces me obsesiono
con esto. Esta es mi única oportunidad de vivir aquí
en la tierra. Me has dado este cuerpo terrenal, este corazón que te anhela y los planes que has pensado para
mí antes de nacer. Oro para que mi empeño sea digno
ante tus ojos, Señor. Cuando luche y forcejee, que sea
por una buena causa. Permite que todos y cada uno
de mis esfuerzos sean hechos con honor y sinceridad.

Puedo ver la gloria celestial brillar a la distancia.
La ansío en mi corazón para tener certeza del camino
a casa. Pero estos días de vivir aquí en la tierra también tienen un propósito divino. En el camino, debo
amarte, amar al prójimo, servirte, servir al prójimo y
descubrir quién soy.

# Descarriada del camino

No hay sabiduría, ni inteligencia, ni consejo, contra Jehová.

PROVERBIOS 21:30

Tengo una agenda desbordada de... bueno, de planes, por supuesto. Cada fecha en el calendario significa una porción de mi vida. Sé que cada vez que anoto un compromiso con tinta azul, ocupará una porción del tiempo que Tú has planeado para mí. Supongo que, muchas veces, avanzo en la dirección equivocada. Mi consuelo es saber que Tú guías mis esfuerzos sin rumbo hacia tus intenciones para mi vida.

Al hacer planes para los días que me esperan, que siempre busque tu guía, tus prioridades y tu voluntad. Cuando sigo tu dirección, cada día cobra un significado. Las maneras de servirte se vuelven más claras.

# Corazones que perduran

El consejo de Jehová permanecerá para siempre; los pensamientos de su corazón por todas las generaciones.

Salmo 33:11

Señor, paso la mayor parte del tiempo persiguiendo metas y sueños que son temporales. Quizá eso sea lo más difícil de ser humano, saber que mis sueños para el futuro pueden no hacerse realidad. Hay una fecha de vencimiento para mi vida y para mis sueños.

Cuando pienso en tu plan de vida eterna, encuentro una esperanza que perdura. Los propósitos que hay en tu corazón han acompañado a generaciones antes de mí y seguirán a las generaciones por venir. Me aferro con firmeza a tus promesas y sé que permanecerán aun luego de que mis sueños se desvanezcan. Es un regalo maravilloso que me das, algo en lo que creer, un sueño hecho realidad.

# El primer paso

El corazón del hombre piensa su camino; mas Jehová endereza sus pasos.

PROVERBIOS 16:9

Tengo las mejores intenciones, Señor. Mi corazón lleva consigo muchos sueños y planes. Algunos se han hecho realidad y a otros los sigo esperando en ti con paciencia. Pero, últimamente, siento que mi vida está cambiando de forma lenta. En un momento, mi mirada está enfocada en un horizonte definido y, al siguiente, mi vista se vuelve borrosa. Sin pedirme permiso, sin que lo anticipe, mi verdadero futuro emerge. Alientas mi espíritu para que siga hacia la meta.

Gracias, Dios, por dejarme descansar en la seguridad de tus planes y no en los míos. Las cosas cambian, a veces, con tanta rapidez que pierdo el equilibrio. Pero, al dar el primer paso en una nueva dirección, sé que me sostienes y me guías.

# GRACIA

# Desbordando

Porque de su plenitud tomamos todos, y gracia sobre gracia.

JUAN 1:16

Me llené de orgullo, rebosé de amor, fui consumida por el deseo, desbordé de gratitud. El deseo me deja vacía. El exceso me llena de culpa. ¿Por qué entonces mi corazón oscila entre estos extremos cuando te tengo a ti? De seguro, he aprendido que nada me llena como tu gracia.

Por mucho tiempo, Dios, pasé por alto muchas bendiciones al dedicarme a orar pidiendo más. Por favor, muéstrame todas las riquezas que hay en mi vida, que vienen directo de ti. Quita de mi espíritu todo deseo, pecado y preocupación; el espacio que dejan fue hecho para ser llenado por ti, por tu gracia y voluntad. Vacíame. Lléname.

# Despertar a la realidad

Digo, pues, por la gracia que me es dada, a cada cual que está entre vosotros, que no tenga más alto concepto de sí que el que debe tener, sino que piense de sí con cordura, conforme a la medida de fe que Dios repartió a cada uno.

ROMANOS 12:3

Señor, quiero agradecerte por los recientes sucesos en mi vida. Alcancé un sentido de independencia que es muy satisfactorio. Pero sé, dentro de mí, que estoy donde estoy por tu gracia. Cuando enfrento momentos de plena satisfacción y llevo mi cálido y mullido amor propio hacia tu luz, puedo ver cuántas grietas, manchas y errores tiene esta vasija humana que soy. Despertar a la realidad es saludable. Deseo volver mi mirada de amor hacia ti.

Señor, me asombras. Oro para que cada paso que dé sea siguiendo tu guía. Tu gracia me da la libertad de perderme en mí misma. Y esa misma gracia me permite volver a ti... dependiente, agradecida y llena de amor por mi Salvador.

# Dondequiera que vaya

La gracia de nuestro Señor Jesucristo sea con todos vosotros. Amén.

FILIPENSES 4:23

Dondequiera que vaya, tu gracia viene conmigo. No puedo esconderme de ella porque está arraigada a mi espíritu. Podrías haber conservado tan inmenso regalo, Señor, para dárselo cada día a aquellos que realmente lo merecen. En cambio, llenas mi espíritu con tu perdón y tu misericordia. El mundo no me ofrece seguridad. Solo puedo hallarla en ti.

Te entrego todo lo que haga hoy, Dios. Quiero reflejar tu gracia por medio de mis palabras y mis actos. Oro por todas las personas con las que me encuentre hoy: que puedan conocer tu amor y tu misericordia. Ayúdame a formar un corazón compasivo que no dude a la hora de extender tu gracia al prójimo.

# Lugar de gracia

Sea vuestra palabra siempre con gracia, sazonada con sal, para que sepáis cómo debéis responder a cada uno.

COLOSENSES 4:6

Señor, a menudo me faltan palabras cuando me encuentro conversando con las personas. En situaciones difíciles de tensión, aflicción, enojo o dolor, comienzo a tartamudear y empiezo a buscar algo sabio que decir, algo digno de compartir, algo políticamente correcto. Me olvido de confiar en la voz de mi interior que viene de ti. Como tu hija, puedo hablar desde un lugar de gracia.

Ayúdame a acceder a tu amor cuando me encuentro buscando las palabras "correctas". Que pueda ser de alimento para otras personas al compartir un mensaje que viene de ti. Y cuando necesite ánimo, que pueda volver a tu Palabra y sumergir mi mente y mi alma en el lenguaje de tu gracia.

# EXPECTATIVA

## Es por fe

Pues nosotros por el Espíritu aguardamos por fe la esperanza de la justicia...

GÁLATAS 5:5

La paciencia no es uno de mis puntos fuertes, Señor. Es una virtud que anhelo desarrollar a medida que mi fe crezca y comience a entender mi vida según tu voluntad. Es mi fe la que me permite esperar. Sin paciencia, ansío crecer, ansío una respuesta, una señal, un dedo que surja del cielo y me señale la dirección correcta. ¡Tantas cosas!

Ayúdame a descansar en tu Santo Espíritu y en la fe que deposité en ti, Señor. Oro por la verdadera justicia, aquella que viene de la mano de la perseverancia. Cuando sea puesta a prueba por situaciones y comience a dudar, que puedas encontrar en mí una mujer de convicción y compromiso. No solo me ves por completo, sino que también me cargas en momentos como este. Cambias esos tiempos de espera en tiempos de avanzar hacia adelante.

## Abrir un regalo

Así también vosotros; pues que anheláis dones espirituales, procurad abundar en ellos para edificación de la iglesia.

1 Corintios 14:12

Señor, concédeme dones espirituales que sean de bendición para el cuerpo de Cristo. En el pasado te pedí dones que me ayudaran a tener éxito en distintas áreas de mi vida. Quería darte la gloria, pero no comprendía bien que los dones que Tú me dabas debían ser dedicados a ti y a mis hermanos creyentes.

Los dones que sembraste en mi corazón crecerán cuando esté lista y pueda usarlos para hacer el bien. Que nunca malinterprete tus bendiciones y las use para mi propia conveniencia. Aunque tengo expectativas sobre las bendiciones que tienes para mí, también te pido que me des la revelación para reconocer los dones espirituales de los demás, para que pueda alentarlos y ser testigo de tu presencia en el cuerpo de Cristo.

## Apresurarse a hacer el bien

¿Y quién es aquel que os podrá hacer daño, si vosotros seguís el bien?

1 Pedro 3:13

A veces puedo precipitarme al intentar hacer el bien. Espero las recompensas de la situación. Veo cómo un determinado momento puede cambiar una mala situación en una bendición. Hay poder para cambiar vidas y corazones cuando tomo el impulso de servirte, Señor. Dirige esos deseos de hacer el bien para que sirvan a tu propósito divino y no al mío.

Tú sonríes ante un hijo que intenta complacerte, que anhela complacer a su Padre. Tu amor me envuelve y me acerca a la seguridad que trae tu misericordia. ¿Cómo no voy a tener ansias de compartir este consuelo y santidad con los demás? Espero que estés orgulloso de tu hija.

# Espero tu presencia

Porque en ti, oh Jehová, he esperado; Tú responderás, Jehová Dios mío.

SALMO 38:15

Mi corazón se acelera al esperar tu presencia, Señor. Clamé a ti en momentos de gran necesidad. Me encuentro tan vacía ahora. No deseo las charlas o los consejos de amigos. Solo quiero descansar en tus manos. Tú me conoces tan bien, ves los recovecos de mi corazón, que oculto a los demás, y aun así me amas.

Mi boca eleva el nombre de mi Salvador porque eres la única fuente de amor incondicional. Cuando me faltan fuerzas y ganas de seguir, pido que me lleves hasta tu refugio. Cuando ya no puedo estar sola con mi ansiedad y mi pobre humanidad, vienes a mi auxilio. Tu misericordia sobrepasa mi tribulación y me llena de paz.

# AMISTAD

## La oración de un amigo

Disputadores son mis amigos; mas ante Dios derramaré mis lágrimas. ¡Ojalá pudiese disputar el hombre con Dios, como con su prójimo!

JOB 16:20-21

Mi amiga, quien conoce al Espíritu Santo, ora por mí, Señor. Saber esto me trae consuelo. Puedo estar haciendo malabares para lidiar con un día de trabajo agitado y de pronto darme cuenta de que fui envuelta en oración. Y recibo paz por los esfuerzos que hizo otro.

Mis palabras para ti provienen del fondo de mi corazón y cobran significado a través de la interpretación del Espíritu. Sin embargo, encuentro un consuelo aún mayor al saber que una amiga elevó sus palabras al cielo. Ella clama al Espíritu Santo de parte mía. Tengo una amiga que conoce a Cristo y ambas tenemos un amigo fiel. Gracias, Señor.

# Amigos en lugares altos

Compañero soy yo de todos los que te temen y guardan tus mandamientos.

SALMO 119:63

Hubo un tiempo en el que seguía los pasos de aquellos que no se interesaban por tu existencia. Emulaba sus costumbres, que reflejaban la contaminación que hay en el mundo. Estoy agradecida de haber despertado de aquel sueño de engaño. Cuando te descubrí rodeando mi vida, supe de inmediato que había puesto mi vara demasiado baja. Había algo mayor..., más bien: ¡Alguien mayor a quien seguir!

Te agradezco por traer personas buenas a mi vida. Mi camino no es siempre el correcto, a veces me desvío. Desvíos que deberían ser cortos los convierto en largos paseos. Mis amigos, que te conocen y tienen temor de ti en todo momento, me ayudan a volver a tus caminos. Ellos son fieles a tus principios y Tú eres fiel conmigo.

## Amistades equivocadas

Cualquiera, pues, que quiera ser amigo del mundo,
se constituye enemigo de Dios.

SANTIAGO 4:4

Perdóname, Señor, por las veces en las que escogí al
mundo, en vez de escogerte a ti. Con todo lo que has
hecho por mí, no puedo creer que aún sea tentada por
el mundo. Sin embargo, lo soy. Creo que eso guarda
relación con mis inseguridades. Las veces en las que
no confío en ti son aquellas en las que la opinión o el
éxito de otra persona comienzan a ejercer influencia
en mi corazón.

Últimamente, sentí la necesidad de ser aceptada
por el mundo. Perdóname por inclinarme a las falsas
luces que proyecta el mundo, cuando tengo tu gloria
que brilla en mi corazón. Las necesidades superficiales pasarán y solo quedará la verdad: tu verdad.
Guíame de nuevo hacia ti, Señor. Deseo que ninguna
parte de mí vaya en contra de tu voluntad, ni siquiera
mis propios anhelos.

# Conectándose

Porque si cayeren, el uno levantará a su compañero; pero ¡ay del solo! que cuando cayere, no habrá segundo que lo levante.

ECLESIASTÉS 4:10

Tengo una vida llena de actividades: familia, trabajo, iglesia, compromisos. Pero me está faltando la conexión con una amiga íntima. Ya la tuve anteriormente, por eso entiendo lo que estoy necesitando. Me vuelvo a ti con mis preocupaciones y mis alegrías, Señor, tal como debería. Pero necesito una amiga aquí en la tierra, que viva las pruebas de la vida igual que yo. Tú conoces lo más profundo de mi corazón; ahora quiero compartirlo con una amiga especial.

Por favor, ayúdame a mantenerme abierta a esta nueva amistad. Quizá sea una persona que ya conozco o quizás sea una desconocida. Que mi juicio sea puesto a un lado. No quiero perder la oportunidad de conectarme con alguien que has escogido para mí. Creo que las amistades nos llevan a una relación más profunda contigo. No puedo esperar a conocer a la amiga especial que tienes para mí.

RESPONSABILIDAD

## El bien mayor

... porque Dios es el que en vosotros produce así el
querer como el hacer, por su buena voluntad.

Filipenses 2:13

El otro día sentí tu presencia dentro de mí. Estaba lista para renunciar a mis responsabilidades. Estaba lista para distanciarme de un compromiso. Y Tú me incitaste a actuar con sabiduría y santidad. En ese momento no lo comprendía del todo, pero ahora puedo ver que me guiabas hacia un propósito mayor.

Justo cuando pienso que todas las circunstancias se reducen a lo que yo quiero versus lo que quiere el resto, Tú te haces presente y me recuerdas que tengo un propósito mayor que cumplir. Te agradezco por hacerme ver las cosas con claridad. Que pueda estar consciente de cómo ese propósito afecta la fe de los que me rodean. Obra en mí, obra a través de mi vida. Señor, úsame como desees.

# Permanecer

Cada uno, hermanos, en el estado en que fue llamado, así permanezca para con Dios.

1 Corintios 7:24

Quisiera huir de mi situación actual. Pero sé que Tú me has llamado para estar aquí. Este "presente" por el que estoy pasando existe según tu voluntad. Puedo notar que cuando oro para que me hagas libre, Tú me pides que sea paciente, dispuesta y abierta.

Estoy sobrepasada de responsabilidades con las que debo lidiar. Ordenarlas por prioridad no es tan simple. Ayúdame a ver que no preciso comprender cómo encajan todas las piezas en tu plan maestro. Mi única responsabilidad eres Tú. El descansar en ti, en medio de mi situación, es un acto de fe. Sigo tu llamado y me aferro a la esperanza de las cosas por venir.

# Desarrollar la madurez

Mas tenga la paciencia su obra completa, para que
seáis perfectos y cabales, sin que os falte cosa alguna.

SANTIAGO 1:4

Aquel problema que me negué a entregarte ha vuelto
a acecharme. Al no dártelo a ti, lo lancé al vacío esperando que se desvaneciera por siempre. Bueno..., aquí
está de nuevo para encontrarme. Señor, ayúdame a
entregarte esto de una vez por todas. Y dame la fuerza
para aprender la lección de perseverancia que quieres
enseñarme.

Te doy tanto trabajo, Señor, y aun así continúas
supliendo cada una de mis necesidades a cada momento. Nunca carezco de nada. Estoy agradecida por
todas las veces que me llamaste a esperar, a aprender,
a llevar adelante una situación. Obras con paciencia
en mi vida para que pueda estar llena y completa en ti.

# Hay fuerza en la obediencia

Ciñe de fuerza sus lomos, y esfuerza sus brazos.

PROVERBIOS 31:17

Señor, déjame sumergirme en las tareas que tengo por delante en el trabajo y en el hogar. Quiero enfrentar mis responsabilidades con gran fuerza y esfuerzo. Quiero ser trabajadora en todos los ámbitos de mi vida. Que pueda enfocarme en servirte, sin importar cuál sea la tarea. Cuando te rindo honor con la labor de mis manos y mi mente, sé que estoy fortaleciendo mi espíritu. Todo está conectado con lo que es bueno y lo que es correcto.

Guíame hacia las responsabilidades que tienen valor para ti. Apártame de los esfuerzos improductivos. Quiero que mi vida valga la pena. Quiero que todo mi trabajo sea de tu agrado.

# LUGAR

# Levantar un altar

Y cuando llegaron al lugar que Dios le había dicho,
edificó allí Abraham un altar, y compuso la leña, y
ató a Isaac su hijo, y lo puso en el altar sobre la leña.

GÉNESIS 22:9

Señor, estoy lista para construir un lugar de sacrificio
para ti. Creo que el tiempo que empleé en perseguir
mis objetivos personales me ha impedido crear un altar para ti en mi vida. ¿Cómo puedo comenzar? ¿Qué
obstáculos debo derribar primero para hacer espacio?
Tengo muchos escombros que limpiar de mi mente y
corazón, pero estoy lista para hacerlo.

Cuando el altar de fe esté listo, ¿será mi corazón
el único sacrificio que deba ofrecer? Tu Hijo murió en
la cruz y resucitó al cabo de tres días para que yo no
tenga que construir altares físicos. El amor reemplazó
ese proceso. Sin embargo, me llamas a hacer de mi
vida un sacrificio vivo para ti. Te entrego cada mañana cuando me levanto, te entrego cada uno de mis
sueños, te entrego todos mis días. Por favor, acepta
esta ofrenda.

# La morada de Dios

> Y pondré mi morada en medio de vosotros, y mi alma
> no os abominará; y andaré entre vosotros, y yo seré
> vuestro Dios, y vosotros seréis mi pueblo.
>
> LEVÍTICO 26:11-12

No eres un Dios que reina desde un trono en un lugar bien lejano. Desde el principio, querías ser un Dios de intimidad y amor. Le hablaste a los primeros seres creados que formaste del polvo. Dividiste las aguas. Moviste la tierra. Hoy todavía continúas obrando de manera poderosa. Como creyente, no puedo negar la forma en que has cambiado mi vida.

Aun con todo tu poder, escoges habitar en los corazones de tus hijos. Los guías por medio de tu Espíritu, y tu amor y fortaleza son maravillosamente accesibles. Hazte un lugar en mi corazón, Señor. Quiero estar llena de tu presencia y ser parte de tu pueblo.

# La tierra de mi futuro

Entonces dijo Moisés a Hobab, hijo de Ragüel madianita, su suegro: Nosotros partimos para el lugar del cual Jehová ha dicho: Yo os lo daré. Ven con nosotros, y te haremos bien; porque Jehová ha prometido el bien a Israel.

Números 10:29

Como una niña mirando su regalo de cumpleaños sin abrir, no puedo esperar a desenvolver el obsequio que tienes para mí. Me has dado un lugar en el futuro, un lugar que es mi futuro. Cuando las tribulaciones me apartan de la esperanza, miro a la tierra que tengo por delante e imagino las bendiciones que planeaste para que yo coseche.

No sé cómo darás forma a los días que me quedan por vivir, pero sé que nunca reclamaré las bendiciones futuras a menos que involucren un paso hacia tu voluntad. Hablas a mi corazón con promesas que vas a cumplir. Mientras camino hacia adelante, paso a paso, mi amor por ti crece, no porque tengas un regalo para darme, sino porque te acuerdas de mí.

# Refugio

Tú eres mi refugio; me guardarás de la angustia; con cánticos de liberación me rodearás.

SALMO 32:7

Al enfrentar el temor, me retraigo y me encierro en mí misma. Me acurruco y me hago muy pequeña, de manera que ninguna amenaza ni tribulación pueda verme. Pido ayuda a los que me rodean, Señor, pero necesito de ti para obtener verdadero consuelo y paz. La calma que depositas en mi corazón acalla las ruidosas dificultades y las hace huir. El daño no puede entrar aquí. Nunca dijiste que le evitarías las pruebas a tus hijos. Nos ofreces algo mucho mejor: un lugar de rescate.

Sálvame, Dios, de la soledad de esta lucha. Una vez que renueves mis fuerzas, volveré al bullicio de la rutina. Pero ahora, me hace bien escuchar la melodía en la voz de mi Libertador.

# ANHELO

## Anhelando tu compañía

Ahora, pues, Israel, ¿qué pide Jehová tu Dios de ti,
sino que temas a Jehová tu Dios, que andes en todos
sus caminos, y que lo ames, y sirvas a Jehová tu Dios
con todo tu corazón y con toda tu alma; que guardes
los mandamientos de Jehová y sus estatutos, que yo
te prescribo hoy, para que tengas prosperidad?

DEUTERONOMIO 10:12-13

¿Cuándo fue la última vez que te hablé desde lo profundo del corazón? Algunos días vienen con pruebas; otros, traen gozo. Hoy siento una mezcla de ambos. Estoy agradecida de haber podido entrar en tu presencia, porque anhelaba tu compañía sin siquiera saberlo.

¿Acaso mi día marcha de acuerdo con tu plan? ¿Me estoy perdiendo de algo maravilloso, importante, divino? Ayúdame a recibir la complejidad de este día, las preguntas y exigencias corrientes. ¿Necesitabas recordarme que caminabas a mi lado? Mi paso ha sido tan acelerado –a veces hasta imprudente– que olvidé cuánta calma puede haber en un solo momento. Con solo una pincelada de tu Espíritu, mi día cambió y es de color esperanza.

# Espero para hablar contigo

Entonces llamarás, y yo te responderé; tendrás afecto a la hechura de tus manos.

Job 14:15

He permitido que pasen días y días sin hablar contigo, Señor. De hecho, una etapa entera de mi vida parece haberse esfumado mientras tamborileaba ansiosamente con mis dedos y esperaba cambios, paz, cosas mejores. ¿Por qué en tiempos de sequía me olvido de orar por lluvia? En el pasado fracasé a la hora de mantener una conversación contigo; sin embargo, Tú has sido fiel. Lo creo así porque sigues aquí, no te has ido. Tú esperas. Entras y te mueves en mi vida, y esperas a que yo responda.

Por eso clamo hoy, Señor. De rodillas, me inclino ante ti y oro esperando que me oigas. Antes de que me cubras con tu presencia, saboreo la sequía de un anhelo desesperado por ti. Entiendo lo que significa esperar una respuesta de Aquel a quien amo.

## Saborear tu dulzura

El deseo cumplido regocija el alma; pero apartarse
del mal es abominación a los necios.

PROVERBIOS 13:19

"Ten cuidado con lo que deseas". Oh, ¡los dichos sabios del hombre! Pero es cierto. La prisa para pedir un objeto de deseo nos impide pensar en las consecuencias que pueden venir. Sé que a veces pongo mi mirada en deseos que no provienen de ti. Pero la búsqueda por alcanzarlos puede ser algo dulce de todas maneras. Señor, ayúdame a ver que estos trofeos del mundo están vacíos.

Aparta mis ojos y mi espíritu del camino que me conduce a la ruina. Dame un corazón con pasión por conocerte, por conocer tu gracia y amor. Que cuando vea las posesiones de esta tierra, las vea por lo que son: distracciones. Que nada me aparte de llenarme por completo de ti. Que pueda regocijarme en tu dulzura.

# Una patria mejor

Pero anhelaban una [patria] mejor, esto es, celestial; por lo cual Dios no se avergüenza de llamarse Dios de ellos; porque les ha preparado una ciudad.

HEBREOS 11:16

Estos días han sido una locura, Señor. Quiero abandonar mi vida ahora mismo y entregártela a ti junto con la petición de que lo arregles todo. Algunas decisiones que tomé complicaron más las cosas. Mi incapacidad para decir que no a actividades que exigen tiempo y energía me tiene atada de manos y pies. No puedo caminar hacia un propósito mayor hasta poder ser libre.

Por eso, dame claridad, Señor. Dime qué camino seguir, enséñame a decir que no y cuándo decir que sí. Como hija tuya, anhelo los días de gloria y alivio en el cielo. Oh, ¡cómo deseo ese alivio! Pero mientras tanto, me aferro a ti y te pido que me guíes a lo largo de esta vida hasta que pueda llegar a casa.

# TRANSFORMACIÓN

# Propósito

Jehová cumplirá su propósito en mí; tu misericordia, oh Jehová, es para siempre; no desampares la obra de tus manos.

SALMO 138:8

¿Algún día sentiré que he llegado a la meta? Cuando era niña no podía esperar a ser adulta. Pensaba que todos los misterios de la vida me serían revelados cuando alcanzara esta etapa. Y tenía la certeza de que una sensación de propósito me llenaría. Aún no estoy en ese nivel de entendimiento, Señor. Pero conozco tu amor.

Dios, haz tu voluntad en mí y a través de mí. Que mis días sean fructíferos. Guía mis decisiones y mi carácter para llegar a ser la persona que proyectaste crear. Que pueda avanzar con tu propósito, confiando en tu amor.

# Quedarse o huir

En él asimismo tuvimos herencia, habiendo sido pre-
destinados conforme al propósito del que hace todas
las cosas según el designio de su voluntad, a fin de
que seamos para alabanza de su gloria, nosotros los
que primeramente esperábamos en Cristo.

Efesios 1:11-12

Cuando cuestiono la dirección que ha tomado mi vida,
Señor, te pido que hagas brillar tu luz sobre mi camino. Si estoy en la senda correcta, debo dejar de des-
confiar de mis circunstancias por el simple hecho de
no sentirme satisfecha. Ya no tendré un motivo para
regodearme en la autocompasión. Prometo mantenerme en el sendero que me indiques.

Como una hija escogida, sé que me cuidas a cada
paso que doy. Mi rumbo es algo importante. Y estar
llena de ti tiene relación directa con tu propósito para
mí. Permíteme descansar en tu amor y tu fidelidad
que he comprobado. Señor, dime: ¿debo irme o quedarme?

## Ser sabia

Entended, necios del pueblo; y vosotros, fatuos,
¿cuándo seréis sabios?

SALMO 94:8

Justo cuando comienzo a sentir confianza en mí misma y en mis habilidades, me doy cuenta de que atravieso mis días atareados dependiendo, básicamente, del humor, el sarcasmo y una mente ligera. En el mejor de los casos, mi habilidad involucra decisiones estratégicas. Pero Señor, necesito tu sabiduría. La vida presenta tantos cambios y situaciones desconcertantes que mi modo de tratar las cosas como una tontería, tan solo "manejándome", no me trae suficiente consuelo y guía.

Dirígeme hacia el camino de la sabiduría. Quiero ser tu alumna, Dios. Voy a acudir a tu Palabra y buscar tu rostro en esta lucha por dejar atrás las tonterías.

# Ser transformada

Mas nuestra ciudadanía está en los cielos, de donde también esperamos al Salvador, al Señor Jesucristo; el cual transformará el cuerpo de la humillación nuestra, para que sea semejante al cuerpo de la gloria suya, por el poder con el cual puede también sujetar a sí mismo todas las cosas.

FILIPENSES 3:20-21

El cielo es el lugar en el que estaremos completos. Tú transformarás nuestros humildes cuerpos en hermosos reflejos de tu gloria. Nada será como es ahora. Me alegra no saber mucho sobre el cielo, Señor. Creo que mi perspectiva desde esta tierra atenuaría las maravillas de lo que has preparado para tus hijos.

En tu presencia, la enfermedad se vuelve salud, el enojo se vuelve gozo, la duda se vuelve certeza y el temor se vuelve paz. No puedo esperar a ser transformada en uno de los seres vivientes... de los que tienen esa vida eterna.

# INTUICIÓN

## Ceguera espiritual

Palpamos la pared como ciegos, y andamos a tientas como sin ojos...

ISAÍAS 59:10

Cuando no puedo acceder al Espíritu, dejo que las exigencias y obligaciones dirijan mi rumbo. Me aferro a cualquier cosa que parezca estable, pero con frecuencia soy engañada. Ayúdame a alcanzarte incluso por medio de mis tropiezos.

Que pueda recurrir a la sabiduría de tu Espíritu. Quiero descansar en que tu verdad guía mi camino. Que pueda ser fuerte para resistir el peso de las exigencias del mundo y caminar firme y hacia adelante.

# Quiero recibir tu verdad

Y nosotros no hemos recibido el espíritu del mundo, sino el Espíritu que proviene de Dios, para que sepamos lo que Dios nos ha concedido, lo cual también hablamos, no con palabras enseñadas por sabiduría humana, sino con las que enseña el Espíritu, acomodando lo espiritual a lo espiritual.

1 Corintios 2:12-13

Señor, dame las palabras correctas para hablar de ti a las personas. Permíteme hablar desde el Espíritu para darles ánimo, guiarlos y dirigirlos hacia la fe. Tú me has dado el Espíritu sin pedir nada a cambio. Que pueda recurrir a esta fortaleza y paz en todo momento. Mi gozo se iluminará y mis aflicciones se aliviarán.

Te alabo, mi Creador y Redentor, porque eres digno de alabanza. Anhelo ser como una vasija en la que derrames tus verdades espirituales. Que estas verdades puedan fluir a través de mí en forma de palabras de sabiduría. Descanso en la paz que cada día se acrecienta en mí.

## Acceder a tu regalo

La palabra de Cristo more en abundancia en vosotros, enseñándoos y exhortándoos unos a otros en toda sabiduría, cantando con gracia en vuestros corazones al Señor con salmos e himnos y cánticos espirituales.

COLOSENSES 3:16

Tú eres mi lugar de refugio, Señor. También moras dentro de mi espíritu. Cuando vivo en lo superficial y me subo a la ola del materialismo, me pierdo la oportunidad de vivir las enseñanzas que me has regalado. Quiero que mi sabiduría esté basada en tu verdad. Quiero compartir con los demás sin rastros de egoísmo. Úsame, mi Dios. Despójame de mi autodependencia y hazme depender solo de ti.

Tengo tanta gratitud en mi corazón por tu generosidad. Quiero que mi alma reciba tu gracia y la devuelva al mundo a través de actos de bondad y compasión. Que en mi cántico de vida suene tu verdad y ella resuene en los corazones de la gente.

# Malas influencias

No erréis; las malas conversaciones corrompen las buenas costumbres. Velad debidamente, y no pequéis; porque algunos no conocen a Dios; para vergüenza vuestra lo digo.

1 Corintios 15:33-34

Esta mañana debería haber confiado en aquella voz tenue y calma dentro de mí. Hasta pude sentirla antes de oírla. Luego tosí para tapar su sonido, armé un alboroto para distraer a mi espíritu y me adentré en la lucha de un mal día: y aquel mal día se convirtió en uno peor aún. Participé del chismerío, dejé que la negatividad anulara mis logros, pretendí ser dueña de mi propio valor.

Señor, apártame de las malas influencias en mi vida. Y si ellos siguen allí, que yo pueda resistir los deseos de entregarme a los falsos elogios, el orgullo y las palabras que destruyen a otros. Mi corazón es mejor que todo eso, porque es tuyo. Te honraré haciendo un nuevo y mejor intento mañana. Prometo escuchar aquella voz dentro de mí.

# CARIDAD

# Extender una mano

Alarga su mano al pobre, y extiende sus manos al menesteroso.

PROVERBIOS 31:20

¿A quién debo dar hoy? ¿A quién puedo ayudar? Permite que empiece mis días con esta pregunta, Señor. Si oro para ser de utilidad para alguien, no puedo ignorar las oportunidades cuando ellas surjan. Vi rostros en necesidad y seguí mi camino como si nada. Pienso mucho sobre estas cosas. Mi mente se pregunta: "¿Cómo puedo arreglar la vida de otro?"

Me pides que sea una mujer de caridad y bondad. Mis actos de servicio a otro hijo tuyo se vuelven parte de tu voluntad para esa persona. No me llamas a arreglar su vida, a llenar al prójimo. Solo Tú puedes hacer eso. Mi tarea es extender una mano en el camino.

# Ricos en esperanza

A los ricos de este siglo manda que no sean altivos, ni pongan la esperanza en las riquezas, las cuales son inciertas, sino en el Dios vivo, que nos da todas las cosas en abundancia para que las disfrutemos. Que hagan bien, que sean ricos en buenas obras, dadivosos, generosos...

1 Timoteo 6:17-18

Tú eres mi proveedor, Dios. Me has dado la vida y abrirás sendas para que yo siga tu dirección. Eso no debo cuestionarlo; sin embargo, estuve en situaciones en las que la incertidumbre económica me hizo dudar de los planes que tienes para mí. Me pregunto qué traerá el futuro, en vez de estar segura de lo que traerá mi Señor.

Te entrego mis circunstancias hoy. Aceptaré la bondad y las riquezas que Tú quieras darme. Las bendiciones que me des las compartiré con otras personas. Lucharé para poner mi confianza en ti, Dios, y no en mi cuenta bancaria. Que este paso de fe me aliente a dar saltos mayores el día de mañana.

# Las bendiciones fluyen

... para que estéis enriquecidos en todo para toda liberalidad, la cual produce por medio de nosotros acción de gracias a Dios.

2 Corintios 9:11

Las riquezas que yo pueda tener te pertenecen solo a ti. Deberían fluir a través de mí hacia otra gente, de la manera que Tú lo creas conveniente. Señor, ayúdame a trabajar en el deseo de aferrarme a mis bienes. Mi temor al futuro y mis aparentes necesidades convierten mi disposición en reticencia. No permitas que yo sea un obstáculo para las bendiciones que preparaste para otro.

Concédeme tener contacto personal con aquellos que necesitan provisión o hazme oír una necesidad específica en la que pueda ayudar. Mi obediencia puede cambiar el grito de auxilio de otra persona en cánticos de gratitud.

# Puro

El alma generosa será prosperada; y el que saciare, él también será saciado.

PROVERBIOS 11:25

Señor, me has dado tanto. Muéstrame cómo compartir las bendiciones no materiales que poseo: familia, salud, oportunidades, estabilidad, refugio, amigos. Quizá podría invitar a alguien a una reunión familiar en estas fiestas. Podría dar ánimo a una amiga escribiéndole pequeñas notas. Podría hacer uso de mi buena salud y participar en una caminata para juntar fondos. Hay tantas maneras en las que puedo extender tu provisión a los demás.

Renuévame, Señor. Lléname con el gozo de la generosidad. Y que cada una de mis ofrendas pueda renovar el espíritu de otra persona.

PAZ

# Camino de paz

No conocieron camino de paz, ni hay justicia en sus caminos; sus veredas son torcidas; cualquiera que por ellas fuere, no conocerá paz.

Isaías 59:8

Señor, corrige mi rumbo cuando voy por la senda equivocada. Sé del dolor que consume a la gente que va por caminos llenos de culpa, enojo o rencor. No hay paz en aquellos caminos. Cuando miro hacia ti, puedo avanzar hacia la libertad. Las cadenas que me atan a errores del pasado solo pueden ser liberadas por tu poder.

Concédeme lecciones de vida que me dirijan y me impulsen hacia tu propósito. Dios, guíame de nuevo a tu gracia. Solo ella es el camino hacia la paz. Sé que en tu bondad honrarás esta plegaria, porque ese es el camino de paz.

# Un lugar de paz

La gloria postrera de esta casa será mayor que la primera, ha dicho Jehová de los ejércitos; y daré paz en este lugar, dice Jehová de los ejércitos.

HAGEO 2:9

Este momento de mi vida no se parece a ningún otro. Este punto del camino será mejor que cualquier otro porque hoy te conozco mucho más. Me aferré a ti en las dificultades y los deleites. Me llevaste de un pasado de pruebas a un presente de paz.

A pesar de que busqué la paz en otros lugares, sabía que eran soluciones temporales para necesidades eternas. Eso nunca funciona. Pero cuando te descubrí a ti, comencé a caminar hacia un nuevo lugar: un lugar de paz y promesas que descansa en el abrazo del Padre.

# AFIRMACIÓN

# Ofrendas de ayer, fe para hoy

... Jehová Dios de Israel, no hay Dios como tú, ni arriba en los cielos ni abajo en la tierra, que guardas el pacto y la misericordia a tus siervos, los que andan delante de ti con todo su corazón; que has cumplido a tu siervo David mi padre lo que le prometiste; lo dijiste con tu boca, y con tu mano lo has cumplido, como sucede en este día.

1 REYES 8:23-24

Señor, tu fidelidad es tan evidente cuando veo mi vida. Aún tengo mi lista de metas que quiero alcanzar o de defectos que tengo esperanzas de entregarte, pero mira cuánto hemos avanzado juntos. Cuando miro mis luchas del pasado, veo cómo me sacaste de mi pozo de dudas. Me hiciste entender que tenía valor porque era tuya. No me dejaste conformarme cuando conformarse parecía algo tan aceptable. Solo deseaba un poco de alivio y Tú me ofrecías sanarme por completo. ¡Qué limitada es mi visión!

El presente afirma todo lo que sé sobre ti, porque en la claridad de una mirada en retrospectiva no hay ni un poco de duda.

# Hay poder en el mensaje

Mas a ellos les parecían locura las palabras de ellas, y no las creían.

LUCAS 24:11

Cuando la gente cuestiona mi mensaje acerca de tu gracia, dice que mis palabras son un sinsentido. Ignoran la posibilidad de un milagro en su propia vida, y eso me entristece. Tan solo puedo imaginar cuánto te entristece a ti. A veces mis palabras son descartadas antes de poderme explicar..., porque soy una mujer.

Fui creada a tu imagen. Llevo en mi corazón un secreto que debe ser compartido. Tu amor sobrepasa la sordera de la ignorancia, por eso seguiré entregando las buenas nuevas. Y cuando mi género o la manera en que presento el mensaje hagan que se lo considere un sinsentido, me mantendré con la cabeza en alto sabiendo que Tú confías en mí, y seguiré intentándolo.

# Descansar en tu seguridad

Su señor le dijo: Bien, buen siervo y fiel; sobre poco has sido fiel, sobre mucho te pondré; entra en el gozo de tu señor.

MATEO 25:23

Te agradezco porque tengo tanto por hacer en mi vida en este momento. Puedo ayudar a la gente. Trabajo duro para tener una buena familia. Te sirvo a ti y a tu Iglesia con mis dones. Eres tan fiel, Señor. Has afirmado mi camino bendiciéndome con responsabilidades y oportunidades que valen la pena.

Encuentro plenitud gracias a tu guía. Tengo más certeza de mí misma, y mi confianza en ti se acrecienta cada día. Cuando termino un día ocupado y me siento bien, fuerte y en paz, escucho tus palabras reconfortantes: "Bien hecho".

# Solo pide y cree

Y todo lo que pidiereis en oración, creyendo, lo recibiréis.

MATEO 21:22

Yo creo. Realmente creo, Señor. Y tengo una larga lista de cosas para pedirte. Últimamente he sido perezosa en numerosas áreas. Es porque dejo que las inseguridades se apoderen de mi identidad en ti. ¡Qué vergüenza! Todo lo que debo hacer es pedir tu guía, perseverancia, sabiduría y paz para mis circunstancias. Tú afirmas mi fe cuando respondes esas oraciones.

En los días que siguen, buscaré mayor seguridad y confianza para reemplazar mis debilidades. Estaré alerta a las señales de tu poder en mi vida. Ya atravesé esta clase de situaciones en el pasado y sé que eres fiel. Al cumplirse tus promesas, la gloria será solo tuya.

VERDAD

# Revélame

Escogí el camino de la verdad; he puesto tus juicios delante de mí.

SALMO 119:30

Estoy tan agradecida de haber descubierto la verdad aquel día. Estaba tan dispersa buscando respuestas a preguntas al azar. Ni siquiera sabía qué preguntar en mi búsqueda de entendimiento e identidad. Me sacaste de mi ignorancia y me mostraste la luz de tu corazón. En ese momento, todo hizo clic.

Aún hoy tengo momentos de confusión. Todavía hay obstáculos que superar, pero nunca sin el sustento de tu verdad para que sea mi guía. Ahora, mis preguntas han sido reemplazadas por una petición: "Muéstrame el camino, Señor".

## Verdad absoluta

Pero sabemos que el Hijo de Dios ha venido, y nos ha dado entendimiento para conocer al que es verdadero; y estamos en el verdadero, en su Hijo Jesucristo. Este es el verdadero Dios, y la vida eterna.

1 Juan 5:20

Señor, ¿puedes ver todas las maneras en las que somos incitadas a la falsedad? Una actitud pretensiosa y una apariencia alterada te llevarán lejos. Esto es lo que ofrece el mundo. Con razón tantas mujeres y chicas jóvenes luchan para encontrar su valor. Tu amor les enseña a tus hijas su verdadera importancia. Todas somos valiosas porque somos tuyas.

Aun cuando no siempre puedo diferenciar cuál imagen del mundo es la real y cuál sufrió un retoque, sí sé que la imagen de la cruz es real. Puedo creer en ti por completo.

## *Palabras* de *verdad*

> Jesús le dijo: Yo soy el camino, y la verdad, y la vida;
> nadie viene al Padre, sino por mí. Si me conocieseis,
> también a mi Padre conoceríais; y desde ahora le co-
> nocéis, y le habéis visto.
>
> JUAN 14:6-7

Señor, poder verte es una bendición. Leer tu Palabra me brinda una imagen de tu carácter, de tu naturaleza, de tu amor. Mientras la fe puede ser definida como la certeza de lo que no se ve, mi fe en ti va más allá de eso. Yo sí puedo verte. En la belleza de la tierra, en la sonrisa de un niño, en cada triunfo de la justicia, veo tu rostro.

Cada día intento conocer mejor a Cristo. Es mi manera de acercarme a la verdad sobre la creación y la eternidad. Soy más fuerte que nunca porque persigo esta búsqueda de un entendimiento más profundo de ti y de tu Hijo.

## Autoengaño

> Si decimos que no tenemos pecado, nos engañamos
> a nosotros mismos, y la verdad no está en nosotros.
>
> 1 Juan 1:8

Para mantener mi estatus en el mundo, a veces construyo una imagen de mí misma con verdades a medias. Hay momentos en los que prefiero creer mentiras antes que buscar tu verdad. Soy débil en ese aspecto. Pero los planes basados en el engaño siempre colapsan. Tarde o temprano, termino de nuevo a los pies de la cruz.

Cometí muchos pecados, Señor. Cuando comparo mi inestabilidad con tu constancia, me siento avergonzada. Pero hay redención en la fe fundada en tu bondad. Vuelvo a ti y a tu verdad inamovible.

# MUJERES

## Sororidad

Oíd, pues, oh mujeres, palabra de Jehová, y vuestro oído reciba la palabra de su boca: Enseñad endechas a vuestras hijas, y lamentación cada una a su amiga.

JEREMÍAS 9:20

¿Estoy siendo un ejemplo de tu amor para otras mujeres, Señor? Si puedo ser de ejemplo para alguien, quisiera mostrarle tu verdad a las mujeres. Parte de esa verdad se relaciona con el acceso a nuestras propias emociones. La sociedad moderna nos exige una estabilidad y control excesivos. Nos olvidamos de enseñarles a las jovencitas la importancia de sentir la pena y el dolor de lleno. Los momentos difíciles nos acercan a tus pies. Nos revelan tu misericordia.

Solo podemos fortalecernos descansando en ti, Señor. Mi sentido de capacidad solo viene de ti. Deseo compartir con otras mujeres la seguridad que encontré en mi Salvador. No solo eres la personificación del amor, sino también su definición. Tu amor por cada una de nosotras fue hecho para experimentarlo en profundidad.

# Pídele al Padre

Respondió Jesús y le dijo: Si conocieras el don de Dios, y quién es el que te dice: Dame de beber; tú le pedirías, y él te daría agua viva.

Juan 4:10

Me llevó un largo tiempo beber del agua viva. Sentía tu presencia antes, pero elegía ignorar tu regalo de salvación. Pienso en tantas mujeres brillantes y exitosas que no te conocen. Según los parámetros del mundo, pueden parecer llenas de verdad y conocimiento, pero yo sé que tienes cosas mayores planeadas para ellas.

Dios, oro por las mujeres que aún no conocen tu nombre. Oro por aquellas que ven la figura de un padre como alguien abusivo, crítico o falto de amor. Que puedan abrazar al Padre cariñoso que yo pude conocer. Muéstrales la imagen verdadera y amorosa del Salvador.

# Sigue compartiendo el mensaje

Mas el ángel, respondiendo, dijo a las mujeres: No temáis vosotras; porque yo sé que buscáis a Jesús, el que fue crucificado. No está aquí, pues ha resucitado, como dijo. Venid, ved el lugar donde fue puesto el Señor. E id pronto y decid a sus discípulos que ha resucitado de los muertos, y he aquí va delante de vosotros a Galilea; allí le veréis. He aquí, os lo he dicho.

MATEO 28:5-7

Tú me das un mensaje maravilloso para que comparta, Señor. Me confías palabras de poder para que hable a los que me rodean. Mi testimonio personal no es muy complejo, pero contiene el milagro de un renacimiento espiritual.

La Biblia habla de que revelaste tu resurrección a las mujeres y tu ángel las guio a compartir las buenas nuevas. Creo que aún sigues usándonos de este modo. Tu bondad es para cada una de tus hijas. Que pueda seguir los pasos de aquellas que te amaron cuando caminaste por esta tierra. Y que pueda continuar creyendo la maravilla que me ha sido revelada: tu amor.

# Me llamas hija

Pero Jesús, volviéndose y mirándola, dijo: Ten ánimo, hija; tu fe te ha salvado. Y la mujer fue salva desde aquella hora.

MATEO 9:22

Señor, derramé lágrimas por una cierta herida en mi
vida. Aunque no es reciente, vuelve a abrirse cada vez
que me siento frágil. Como muchas mujeres, dejo que
las cargas diarias me distraigan del dolor que siento,
pero, eventualmente, mi corazón y mi mente vuelven
a la fuente de ansiedad. Perdóname, Padre, por mantener esta pena dentro de mi alma, por pensar que yo
sola podía arreglarlo todo.

Este daño nunca sanó porque nunca lo llevé a ti.
Quería tener el control de mis heridas. Sentía vergüenza de llevarlo a ti. Pero hoy mi fe me guía a tus
pies. Me extiendo para alcanzar tu manto y creo. Y
Tú sanas a tu hija de una vez por todas.

# RELACIONES

## Una amiga valiosa

Las ancianas asimismo sean reverentes en su porte; no calumniadoras, no esclavas del vino, maestras del bien; que enseñen a las mujeres jóvenes a amar a sus maridos y a sus hijos, a ser prudentes, castas, cuidadosas de su casa, buenas, sujetas a sus maridos, para que la palabra de Dios no sea blasfemada.

TITO 2:3-5

Te agradezco por las relaciones que entablé con otras mujeres. Algunas ya han pasado por situaciones que yo estoy atravesando hoy. La sabiduría que me transmiten me alienta a seguir adelante, a mirar mi situación con otros ojos, a ser agradecida por el proceso que estoy viviendo. Mi amistad con mujeres más jóvenes también es muy gratificante. Comprendo el rol que puedo ejercer como mentora, amiga, confidente y compañera en oración.

Señor, en todas mis relaciones con ellas, ayúdame a ser una buena amiga que refleje la gracia, no el juicio; que ofrezca apoyo, no competencia; que contagie esperanza, no ansiedad.

# Es personal

> Porque tu marido es tu Hacedor; Jehová de los ejércitos es su nombre; y tu Redentor, el Santo de Israel; Dios de toda la tierra será llamado.
>
> ISAÍAS 54:5

Tú eres el amor de mi vida. Tú eres el Señor de mi vida. Cuidas y alimentas mi alma porque la creaste, con todas sus necesidades, complejidad y misterios. Aquellas veces en las que alguien me decepcionó, o cuando yo misma lo hice, me levantaste en tus alas de fidelidad.

Algunos días no me reconozco. Cuestiono mis acciones y mi rumbo. Mi consuelo está en ti. Hablas a las profundidades de mi ser y me recuerdas que soy tuya, y eso es todo lo que importa. Te llaman el Dios de toda la tierra y tienes una relación personal conmigo. Gracias, Señor.

# Servirse el uno al otro

Por lo demás, cada uno de vosotros ame también a su mujer como a sí mismo; y la mujer respete a su marido.

EFESIOS 5:33

El matrimonio es un regalo preciado. Dios, por favor, cuida de mi relación matrimonial. Ayúdame a respetar los sueños y elecciones de mi esposo. Guíalo a amarme y valorarme, mientras trabajamos juntos por nuestro futuro. Oro para que siempre dependamos de tu guía y dirección.

Permite que sigamos tu ejemplo de amor incondicional cuando nos cuidamos el uno al otro. Dios, revélanos los modos en los que podemos servirnos entre nosotros al mismo tiempo que te servimos a ti.

## Amarse unos a otros

Amados, amémonos unos a otros; porque el amor es de Dios. Todo aquel que ama, es nacido de Dios, y conoce a Dios.

1 Juan 4:7

Mi amor tiene límites. No aprendí eso de ti, Señor. ¿Entonces, por qué restringe mi corazón su capacidad para amar al prójimo? Cuando tenga temor al compromiso, concédeme paz para avanzar. Si siento que no tengo suficiente amor para compartir con los demás, exhórtame a confiar en tu mandamiento de amarnos unos a otros.

El amor viene directo desde ti. Que pueda recibirlo con gracia y darlo con paz.

# LIBERTAD

# Libertad incomparable

Y andaré en libertad, porque busqué tus mandamientos.

SALMO 119:45

Confiar en tus principios me otorga libertad de muchas maneras. Me acerco a las situaciones con seguridad y confianza porque sé que me guías. Ordeno
mis prioridades según tu voluntad. Y descanso en tu
entendimiento cuando la vida me presenta dudas y
dificultades.

Tu Palabra me ilumina en los momentos de incertidumbre. Estoy tan agradecida de poder llamarte
"Señor", porque hay poder en tu nombre. Tu regalo
de salvación me libra de ser esclava de mi pecado; gracias por esta libertad incomparable.

# No vuelvo atrás

Estad, pues, firmes en la libertad con que Cristo nos hizo libres, y no estéis otra vez sujetos al yugo de esclavitud.

GÁLATAS 5:1

Dios, tú sabías lo que se requería para ser libres de todo pecado. Y sacrificaste a tu Hijo. No hay modo de pagarte tal acto de sacrificio. Debo honrar tu maravilloso amor manteniéndome firme en tu libertad. No volveré a una vida de esclavitud. No dejaré que la tentación me guíe en dirección contraria al camino de gracia.

Señor, humildemente me arrodillo y te alabo hoy. Muéstrame aquellas áreas de mí que se resisten a tu libertad. No me dejes aprovecharme de tu misericordia al reposar en el pecado. Quiero ser santa y agradable para ti.

## Sin condenación

> Enderezándose Jesús, y no viendo a nadie sino a la mujer, le dijo: Mujer, ¿dónde están los que te acusaban? ¿Ninguno te condenó? Ella dijo: Ninguno, Señor. Entonces Jesús le dijo: Ni yo te condeno; vete, y no peques más.
>
> Juan 8:10-11

Cuando me pongo a tu lado, Señor, tu gracia me cubre. Las piedras no pueden golpearme en mi pecado porque Tú me proteges. La Salvación me hizo libre de esta condena. Aun siendo una hija de Dios que ha sido salvada, regreso a una vida de pecado. No como antes, pero tropecé de camino a los planes de bien. Sin embargo, Tú me levantas y me vuelves a poner de pie a tu lado. Juntos hacemos frente a mi pecado y me limpias.

Señor, cuando el remordimiento es insoportable, tu presencia me hace libre para volver a caminar en gracia.

# Úsala sabiamente

... como libres, pero no como los que tienen la libertad como pretexto para hacer lo malo, sino como siervos de Dios.

1 Pedro 2:16

No tengo excusas para justificar mi comportamiento reciente, Señor. Bajo mi máscara de cristiana, me comporté de manera indebida. Permití que la gracia que me diste se convirtiera en arrogancia en mi corazón. Juzgué a otra persona y aseguré tener la razón. Mi orgullo siembra un espíritu de maldad cuando, en realidad, la situación requiere de tu espíritu de amor.

Te pido que te lleves mi terquedad, Señor. No puedo servirte mientras mi prioridad sean mis propias metas. No quiero ser presa de mi naturaleza pecaminosa. Hazme libre, Señor, para poder servirte de la mejor manera.

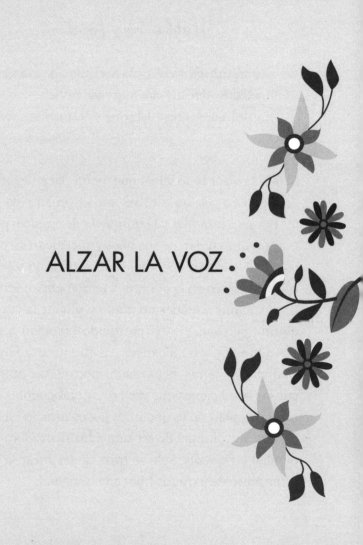

# ALZAR LA VOZ

# Habla más fuerte

Abre tu boca por el mudo en el juicio de todos los desvalidos. Abre tu boca, juzga con justicia,
y defiende la causa del pobre y del menesteroso.

PROVERBIOS 31:8-9

Señor, oro por todo aquel que lucha para llegar a fin de mes. Oro por las familias que viven su vida entre los refugios estatales y la búsqueda de empleo; por las madres que cuidan de sus hijos y sacrifican su propia salud y bienestar. Derrama tu misericordia sobre tus hijos que viven en la pobreza y temen por su futuro.

Ayúdame a tender mi mano y aliviar la carga de alguna persona. ¿Estoy prestando atención a aquellos que están a mi alcance? ¿Al que necesita ayuda? Cuando yo tenga demasiado, permíteme multiplicar las bendiciones que recibo, extendiéndolas hacia otros. Tu plan no es que unos pocos prosperen. Concédeme la voluntad de ser una administradora de tu bondad y riquezas. Solo se trata de levantar la voz y estar presente para tus hijos en necesidad.

# El poder de la voz de Dios

¿Alzarás tú a las nubes tu voz, para que te cubra muchedumbre de aguas? ¿Enviarás tú los relámpagos, para que ellos vayan? ¿Y te dirán ellos: Henos aquí?

JOB 38:34-35

Puedo gritarle a la tragedia, pero ella no se disipará. Puedo gemir de dolor por mis heridas del pasado, pero ellas no sanarán. Señor, solo cuando clamo a ti, y en tu propio tiempo me hablas, esas cosas comienzan a suceder. Mi voz fue hecha para adorarte, no para contener el poder de Dios.

Señor, ahora mismo, mi dolor personal me quita el aliento. Solo puedo susurrarte a ti. Las palabras que elevo son oraciones. En medio de mi tribulación, las alabanzas me llevan a tu presencia. Y allí mi alma es sanada.

## Movimientos sabios

¿No clama la sabiduría, y da su voz la inteligencia?

PROVERBIOS 8:1

Intento ser una buena líder, Señor. Busco tu ayuda cuando tengo que tomar decisiones y oro a cada paso. Te pido que mis palabras estén llenas de sabiduría. Puede ser intimidante guiar a otras personas cuando yo misma no tengo las palabras correctas ni el tiempo preciso.

Cuando me vuelvo a ti antes de alzar mi voz, Tú me das entendimiento. Y la sabiduría habla. Confío en que Tú serás mi voz. En mi deseo de liderar, Señor, haz que mi vida sea una expresión de tu mensaje de amor.

# Clama por ayuda

Claman los justos, y Jehová oye, y los libra de todas sus angustias.

SALMO 34:17

A lo largo de mi día, Señor, hablo contigo. Tú escuchas cada palabra que balbuceo. Me prestas atención aun cuando estoy quejándome y despotricando. Te pido lo que yo quiero. Insisto en que las cosas cambien para que se acomoden a mis gustos. A través de todo eso, todavía me amas. Sabes que estoy buscando mis propios caminos.

Señor, perdóname por traerte mis problemas y por rehusarme a confesar lo que verdaderamente hay en mi corazón. Te necesito desesperadamente, así como necesito el aire que respiro. Porque Tú oyes mi oración y cambias mis lamentos en alabanzas.

# AFERRARSE

## Confianza mal depositada

Porque dejando el mandamiento de Dios, os aferráis a la tradición de los hombres: los lavamientos de los jarros y de los vasos de beber; y hacéis otras muchas cosas semejantes.

MARCOS 7:8

Dios, quiero resistir la tentación de aferrarme a las costumbres del hombre. Al principio, en mi camino de fe, recurría a tus enseñanzas y me agarraba de ellas. Les permitía que se asentaran en mi espíritu y me llenaba del conocimiento y de la luz que emanan. Ahora, al dejarme llevar en este carrusel de la vida, me veo tentada por el éxito de las soluciones rápidas. Y recurro a ellas en vez de buscar tus preceptos.

Es muy difícil abandonar los viejos hábitos. Suelo poner la mirada en los que parecen ser exitosos en esta vida y trato de seguir sus pasos. Ayúdame a renunciar al mundo y sus verdades, Señor. Inspírame a aferrarme a tus mandamientos con todo mi corazón.

# Mantener la fe

Este mandamiento, hijo Timoteo, te encargo, para que conforme a las profecías que se hicieron antes en cuanto a ti, milites por ellas la buena milicia, manteniendo la fe y buena conciencia, desechando la cual naufragaron en cuanto a la fe algunos...

1 Timoteo 1:18-19

Dios, guíame según tus instrucciones. Déjame saber con claridad tu dirección en mi trabajo y en mis decisiones cotidianas. Tal vez dirijas a alguien para que venga y pronuncie tus palabras de verdad en mi vida. Varias veces en el pasado recibí ánimo y sabiduría a través de amigos e incluso de extraños.

No dejes que me sienta sola en mis esfuerzos. Dirígeme a tener comunión con otros creyentes que puedan aconsejarme según tu camino. Me aferraré fuerte a mi fe, Señor, y esperaré en tu sabiduría.

# Despojarse de lo insignificante

> Retén el consejo, no lo dejes; guárdalo, porque eso
> es tu vida.
>
> PROVERBIOS 4:13

Una vez filtrada la información innecesaria de todo el conocimiento acumulado, lo que quedan son las verdades eternas que Tú me entregas. En mi trabajo recojo un montón de detalles inútiles sobre muchas cosas diferentes. Memorizo direcciones, códigos PIN, contraseñas, normas aeroportuarias y atajos de teclado. Queda poco espacio para tus instrucciones.

Limpia mi mente, Señor. Los detalles son importantes, pero cuando vengo a ti en oración, quiero despojarme de esos datos insignificantes. Haz que ellos se desvanezcan ante ti, para que yo pueda aferrarme fuertemente a tu instrucción cuando hables a mi corazón.

# La fuerza de Jesús

... pero Cristo como hijo sobre su casa, la cual casa somos nosotros, si retenemos firme hasta el fin la confianza y el gloriarnos en la esperanza.

HEBREOS 3:6

"... porque cuando soy débil, entonces soy fuerte". Es cierto: Jesús me ama. Y de eso estoy muy agradecida. Mi debilidad es más evidente todo el tiempo. Debería estar lo suficientemente crecida para saber más... de todas las cosas. Pero no es así. Doy pasos en falso en direcciones erradas. Me esfuerzo por alcanzar las expectativas que el mundo tiene sobre mí. Pero lo que realmente deseo es dar la talla como una hija de Dios que necesita la ayuda de su Señor. Quiero tu poder en mi vida.

Jesús, ayúdame a transformar mi esperanza en verdadera fuerza, porque soy débil. Pero conozco a Aquel que me levanta por encima de todas mis circunstancias. Haz crecer en mí el valor que surge de una fe activa.

AVANZAR

## *Una vida confiada*

Porque no nos ha dado Dios espíritu de cobardía, sino de poder, de amor y de dominio propio.

2 Timoteo 1:7

Cuando se aproximan situaciones que me hacen poner nerviosa, me enfoco en tu Espíritu de poder que mora en mí. Mis días de timidez quedaron atrás, porque tengo tu fortaleza como cimiento. Señor, concédeme una valentía inusual; permíteme avanzar con mi seguridad puesta en ti.

La vida será nueva y distinta al tomar decisiones, comunicarme y caminar con este poder. Practicaré la autodisciplina y expresaré amor en todas mis acciones para que Tú, Señor, puedas usar esta nueva confianza para bien.

# Certeza

Esforzaos, pues, para hacerlo, y Jehová estará con el bueno.

2 Crónicas 19:11

Lléname de valor, Señor. La confianza que recibo de mi apoyo de este mundo no es fuerte. Oscila según mi nivel de influencia o popularidad del momento. Con muy poco, mi confianza tambalea. Necesito sentirme segura de mí misma y de mi vida. No quiero que las opiniones de los demás me hagan desviar del camino que conozco.

Mantendré mi mirada en ti, Señor. Tu amor es mi certeza. Mi fe y mi salvación son ciertas. La confianza que tengo en ellas me conducirá al éxito.

# Dios está conmigo

Anímate y esfuérzate, y manos a la obra; no temas, ni desmayes, porque Jehová Dios, mi Dios, estará contigo...

1 Crónicas 28:20

Creo que la vida exige mucho esfuerzo, Señor. He tratado todo este tiempo de ser fuerte, pero estoy deslizandome y retrocediendo sin darme cuenta. ¿Cómo hago para continuar avanzando? Por favor, ayúdame a continuar a pesar de las pruebas, cuando ya no tengo la energía suficiente para seguir andando. Quebranta mi espíritu obstinado para que pueda aprender a depender de tu fuerza.

Todo lo puedo hacer si camino contigo. Te pido que pueda estar dispuesta para los desafíos que vienen por delante. Que no me acobarde cuando me llames a hacer un esfuerzo aún mayor. Con tu poder, no será imposible de realizar y será el comienzo de algo milagroso.

# Resplandece

Encomienda a Jehová tu camino, y confía en él; y él hará. Exhibirá tu justicia como la luz, y tu derecho como el mediodía.

SALMO 37:5-6

Condúceme a una vida de compromiso, Señor. Muéstrame dónde hay pecado en mí, ese que me impide abrazar una fe incondicional. Confío a tus manos mi eternidad, entonces, ¿por qué me resulta difícil entregar mi presente? Libérame del temor y muéstrame la clase de vida que planeaste para mí. Me levanto y acepto todo aquello que Tú estás haciendo en ella.

Que mi justicia resplandezca incluso en los días más sombríos. Avanzaré porque tu amor me entibia como el sol y prepara mi corazón para una gran cosecha.

PEDIRLE A DIOS.

# Alabanza

Suba mi oración delante de ti como el incienso, el
don de mis manos como la ofrenda de la tarde.

Salmo 141:2

Hablo demasiado. Mis oraciones no dejan lugar para
respirar y reflexionar. Pido sin alabar. Señor, llévame
a una vida de oración más profunda. Aun ahora mismo, mientras rezo, puedo dejar que mi mente se dis-
traiga con las cosas que faltan por hacer o peticiones
que quiero hacerte mientras tengo tu atención.

Permíteme venir a ti en silencio y con un espíritu de adoración. Que mis palabras se eleven hacia ti
como la estela de un incienso. En tu presencia, rendi-
ré mi propia voluntad.

# Oraciones de protección

Yo les he dado tu palabra; y el mundo los aborreció,
porque no son del mundo, como tampoco yo soy del
mundo. No ruego que los quites del mundo, sino que
los guardes del mal.

JUAN 17:14-15

Hoy vengo en oración como tu Hijo oró por sus discípulos. Pido por tu protección del mal mientras esté en
esta tierra. Estar aquí me da la oportunidad de compartir mi fe, de desarrollar una relación más profunda contigo, de saborear la riqueza de la vida que me
has dado. Pero sé que, en realidad, no pertenezco a
este mundo.

En momentos difíciles, me veo tentada a pedirte
que te lleves mis cargas o que me libres de la presión
de la vida en la tierra. Pero Tú me llamas a caminar
en los planes que tienes para mí. Por eso, protégeme,
Señor, por el resto de mis días, para que pueda cumplir tu propósito.

# Intercesora fiel

… gozosos en la esperanza; sufridos en la tribulación; constantes en la oración; compartiendo para las necesidades de los santos; practicando la hospitalidad.

ROMANOS 12:12-13

Que mi vida sea una oración viva hacia ti. Cuando no pueda encontrar las palabras correctas para decírtelas, que el latido de mi corazón sea el que hable. Que mis acciones para con los demás sean una oración de amabilidad y compasión. Señor, transforma mi temor en paciencia cuando enfrente la adversidad, para que pueda demostrarles el poder de la oración a otras personas.

Tu Palabra revela cómo ser una oración viva. Recogeré de su sabiduría infinita y aplicaré su verdad en cada situación. Siempre que haya una necesidad en mi vida y en el mundo, que encuentres en mí una intercesora fiel.

# La oración eficaz

Y la oración de fe salvará al enfermo, y el Señor lo levantará; y si hubiere cometido pecados, le serán perdonados. Confesaos vuestras ofensas unos a otros, y orad unos por otros, para que seáis sanados. La oración eficaz del justo puede mucho.

SANTIAGO 5:15-16

Señor, hoy vengo ante ti con la carga de mis pecados. Por un segundo, sostengo cada una de mis faltas y le doy una segunda mirada a mi humanidad. Las pongo ante tu luz y observo de cerca tu gracia. La práctica de pedir perdón es importante en mi relación contigo. Primero, soy humillada y vaciada. Luego, me limpias y me llenas de tu misericordia.

Cuando oro, Dios, sé que me escuchas. Puedo ser vulnerable en tu presencia porque tengo una gran fe en tu protección. Es mi deseo que puedas llamarme honrada y que mis oraciones sean consideradas poderosas y eficaces.

# SALUD

## Un alma saludable

Amado, yo deseo que tú seas prosperado en todas las cosas, y que tengas salud, así como prospera tu alma.

3 Juan 2

Observé que los esfuerzos que hice por llevar una vida más saludable también han enriquecido mi alma. Puedo pensar con mayor claridad, estoy más alegre, más atenta a mis necesidades espirituales. Señor, sé que a veces me quejo del cuerpo que tengo, pero te pido que lo bendigas con sanidad y plenitud. Cuando enfrente dificultades físicas, dirígeme a cuidarme de manera adecuada. No me permitas abusar de mi cuerpo solo porque me encuentro cansada de sus defectos.

Cuando me concentro en mi respiración y pienso en el oxígeno que entra y sale de mis pulmones, me siento tan agradecida del sistema complejo que es mi cuerpo. Fui hecha por ti y trataré tu creación con amabilidad, por dentro y por fuera.

# Sanando hasta encontrar paz

He aquí que yo les traeré sanidad y medicina; y los curaré, y les revelaré abundancia de paz y de verdad.

JEREMÍAS 33:6

Tú sanas. No hay otro recurso en mi vida que ofrezca sanidad. Sanas mi quebranto y me ofreces llenarme. Remueves las heridas que fui llevando por años. No solo me ofreces sanidad, sino que la nueva vida que me das es una de abundancia y grandes maravillas.

No consideras que mi autorrealización sea algo trivial; en cambio, guías mi camino hacia esa realización que anhelo. Te agradezco, Dios, por ser tan gentil y generoso.

## Una vida poco saludable

Nada hay sano en mi carne, a causa de tu ira; ni hay paz en mis huesos, a causa de mi pecado.

SALMO 38:3

Mi pecado es como una herida. Cuando no te encargas de él, se vuelve más doloroso, se extiende y profundiza. El daño se vuelve algo más difícil de reparar. Pero cuando me acerco a ti de inmediato y te confieso mi pecado, la sanidad comienza al instante. "Ser libre del pecado" ya no es más una frase o un pensamiento del intelecto. Es algo que, en verdad, experimento en mi vida. Realmente tengo la sensación de que una carga fue quitada de mi espíritu.

Oye mis oraciones, Señor. Escucha mi llanto de arrepentimiento. Restaura la fuerza de mi carne, mis huesos y mi alma.

# Conforta mis huesos

La luz de los ojos alegra el corazón, y la buena nueva conforta los huesos.

PROVERBIOS 15:30

Necesito buenas noticias ahora mismo, Señor. Estos últimos días estuvieron plagados de noticias tristes y frustraciones. No pude concentrarme y rara vez me fui a la cama en mi horario habitual. Mi espíritu está inquieto. Dios, tráeme sanidad. Desde mi carne hasta mi espíritu, infúndeme con el poder de tus buenas nuevas.

Me aferro a mi fe en este tiempo. Salgo a dar un paseo y dejo que la alegría de la naturaleza me envuelva. Tu presencia está en todos lados. No me has abandonado..., aun cuando estoy a la espera de buenas noticias y restauración.

# DANZA

# Reconociendo el momento

> Todo tiene su tiempo, y todo lo que se quiere debajo
> del cielo tiene su hora. [...] tiempo de llorar, y tiempo
> de reír; tiempo de endechar, y tiempo de bailar...
>
> ECLESIASTÉS 3:1,4

Tú hiciste un momento para cada cosa. Diseñaste un plan de ciclos que permite que los comienzos y los finales fluyan juntos. Bajo la mirada del cielo, voy atravesando estas estaciones e intento adaptarme a ellas. Señor, en este día enfrento un desafío y necesito permitirme el derecho a llorar. Al enfrentar una transición, concédeme risas para que tu gozo pueda tocar mi alma.

Mi tiempo de luto será transformado en ocasiones de danza. Oro para que tu presencia siempre sea parte de mi vida. Que nunca permita a la tristeza sembrar la duda en mi corazón cuando su verdadero propósito es sembrar la esperanza del futuro.

# Saltando de alegría

Entonces la virgen se alegrará en la danza, los jóvenes y los viejos juntamente; y cambiaré su lloro en gozo, y los consolaré, y los alegraré de su dolor.

JEREMÍAS 31:13

Dios, gracias por liberarme de mis experiencias dolorosas. El peso que cargaba ha sido quitado. De pronto, tengo deseos de danzar. Quiero brincar en libertad. Cuando veo las profundidades de la aflicción, pero siento que tu mano aún puede levantarme y llevarme a un lugar de paz, tengo una nueva visión acerca del sentido de esta vida.

Me inclino ante ti y hago piruetas durante los siguientes días. Tú me regalas una segunda oportunidad de sentir con profundidad, de crecer en medio de la tristeza y de florecer en gozo.

## Canta al Señor

> Has cambiado mi lamento en baile; desataste mi cilicio, y me ceñiste de alegría. Por tanto, a ti cantaré, gloria mía, y no estaré callado. Jehová Dios mío, te alabaré para siempre.
>
> SALMO 30:11-12

Con todas las ocupaciones que tienes a cargo, Señor, me maravillo de que aún me alientes a expresar mi corazón. Un día pido por tu misericordia. Al siguiente, espero que me bendigas con una oportunidad. No me has llamado a quedarme callada. Mientras que la gente rara vez tiene tiempo para oír lo que piensa el otro, Tú esperas tiernamente la canción que tengo para darte.

Cuando mis circunstancias cambian, te lo debo a ti. No es mi deber convertir la tormenta en un día soleado ni tampoco me corresponde hacer que las lágrimas se sequen para dar paso al verdadero gozo. Gracias, Señor, porque Tú lo haces todo.

# Una nueva danza

Aún te edificaré, y serás edificada, oh virgen de Israel; todavía serás adornada con tus panderos, y saldrás en alegres danzas.

JEREMÍAS 31:4

Ahora mismo me estás reconstruyendo, Señor. Siento el dolor de crecer. Veo cómo las partes innecesarias de mi vida se derrumban. Observo mi nueva vida surgir del polvo de la construcción. No es fácil ser esculpida como una nueva criatura, Señor. Sé delicado conmigo al moldearme para que pueda servirte aún mejor.

Habrá un día en el futuro cercano en el que danzaré. La música fluirá a través de mi vida y me dará una razón para gritar de alegría. Dios, te pido que sigas trabajando en mí. Por los planes que tienes para mi vida, vale la pena esperar.

# MAÑANA

## Déjalo ser

Así que, no os afanéis por el día de mañana, porque el día de mañana traerá su afán. Basta a cada día su propio mal.

MATEO 6:34

Quiero tener el control sobre mi presente y mi futuro. Sé que Tú puedes hacerlo mucho mejor, Señor, pero aún lucho con esto. Cuando he tratado de tomar las riendas de tus manos, mi trayectoria no ha sido buena. Haz que mi presente afecte mi mañana. Dame las fuerzas que necesito en este momento para entregarte mi futuro.

Habrá preocupaciones. Habrá luchas. Pero el porvenir también está lleno de oportunidades. Me estoy acercando lentamente a la eternidad y este es un camino que quiero disfrutar, no padecer. Dame el coraje para vivir el presente al máximo y aguardar el mañana con gran esperanza.